重新平衡亚洲发展：

从中国经济的视角

维韦克·阿罗拉　罗伯托·卡达雷利　编
姜睿　钟晓辉　周自明　译

中国财政经济出版社

图书在版编目（CIP）数据

重新平衡亚洲发展：从中国经济的视角/（美）阿罗拉，（美）卡达雷利编；姜睿，钟晓辉，周自明译 .—北京：中国财政经济出版社，2013. 1

书名原文：Rebalancing Growth in Asia: Economic Dimensions for China

ISBN 978 – 7 – 5095 – 4011 – 4

Ⅰ. ①重… Ⅱ. ①阿… ②卡… ③姜… ④钟… ⑤周… Ⅲ. ①亚洲经济 – 经济发展 – 研究 Ⅳ. ①F130. 4

中国版本图书馆 CIP 数据核字(2012)第 241021 号

著作权合同登记号：图字 01 – 2012 – 7550

责任编辑：罗亚洪　　　　责任校对：王　英
版式设计：录文通

中国财政经济出版社出版
URL: http: //www. cfeph. cn
E – mail: cfeph @ cfeph. cn

社址：北京市海淀区阜成路甲 28 号　邮政编码：100142
营销中心电话：88190406　北京财经书店电话：64033436　84041336
北京富生印刷厂印刷　　各地新华书店经销
787×960 毫米　16 开　11.75 印张　190 000 字
2013 年 1 月第 1 版　2013 年 1 月北京第 1 次印刷
定价：28.00 元
ISBN 978— 7— 5095— 4011— 4/F・3254
（图书出现印装问题，本社负责调换）
本社质量投诉电话：010— 88190744

目　录

图

表

专栏

前　言

近几十年来，亚洲经济取得了举世瞩目的成绩。亚洲，曾经世界上最贫穷的地区，如今却能够带领全球经济，从半个多世纪以来最严重的经济危机中复苏。亚洲的成功并非偶然，而是建立在多年不懈努力基础之上的。这些年来，亚洲一直致力于通过改革和体制建设来带动经济增长，提高对危机的抵抗能力，并利用全球化过程不断发展自己。

不过，我们也充分认识到，该地区的快速增长并非理所当然。亚洲需要加大改革力度，继续巩固其坚实的政策基础，以应对中短期将要面临的挑战。就短期而言，亚洲将要面临的挑战是，如何在波动的全球环境中，保持宏观经济稳定，巩固复苏成果。目前的经济危机对工业国家的冲击尤其严重，致使这些国家的需求严重萎缩，从而导致亚洲国家的出口减少。与其他地区相比，亚洲国家主要依靠外需促进增长，即出口是国内经济增长的主要动力。在这种情况下，怎样继续保持增长，是许多亚洲国家在中期将要面临的关键挑战。

成功应对这一挑战，需要亚洲国家更多依靠内部动力带动经济增长。最近，关于亚洲的政策讨论，已经转向怎样促进内需这一问题上来。近几年，国际货币基金组织与亚洲当局，已经就这一问题进行深入讨论。此外，国际货币基金组织也对这一问题进行了重点研究，以便找出具体的应对政策。

这本书汇集了致力于亚洲问题研究的国际货币基金组织的工作人员在2009—2010年间的研究和分析成果。在维韦克·阿罗拉和罗伯托·卡达雷利的带领下，史蒂文·巴奈特、雷·布鲁克斯、马科斯·夏蒙、郭凯、索纳里·亚恩－钱德拉、阿迪尔·莫霍默德、马尔哈·纳巴、帕帕·恩迪亚耶、内森·波特、穆尔塔扎·赛义德和奥拉夫·恩特罗博拉斯特尔等人共同撰写了此书。

阿诺·辛格

国际货币基金组织亚太部主任

致　谢

感谢国际货币基金组织研究亚洲经济问题的同事对本书提出的宝贵意见和建议，特别要感谢查克、费尔曼、费达翰、劳尔和普拉丹等几位同事。感谢辛格对本书的总体指导。

本书作者曾与亚洲当地官员及学者进行过广泛接触和深入交流，在形成本书的过程中，深受他们的观点和见解的启发。由于篇幅有限，在此不一一列举他们的姓名。

感谢里欧、叶和于在本书文稿筹备方面给予我们的帮助。感谢库哈尼在本书编辑和制作过程中给予我们的协助。

书中所述仅为作者个人观点，不代表国际货币基金组织其他工作人员、亚洲当局以及国际货币基金组织执行董事和管理层的观点。作者为书中可能出现的错误负全部责任。

引言与概述

引言

近几十年来，世界经济的一个显著特点就是亚洲的崛起。到目前为止，各种文献已经从各个方面对亚洲的崛起进行过广泛的研究，但一些基本的事实和数据，仍让人无法忽视。过去三十年中，新兴亚洲经济体和新兴工业化经济体，即除澳大利亚、日本和新西兰以外的亚洲经济体，年均经济增长速度均超过了7%。这意味着，这些经济体的经济规模每十年就会增大一倍。[①]也就是说，在过去三十年中，这些经济体的经济已经增长了八倍。速度之快史无前例。经济的快速增长，对这一地区的人们也产生了极大的影响。在该地区几乎所有国家中，成千上百万的人口脱离了贫困，人们的生活条件大大改善。按市场汇率计算，亚洲 GDP 占世界总量的四分之一，超过了美国和欧元区国家。

亚洲之所以能够成功崛起，主要是由于采取了促进外向型经济增长的策略。中国从1978年开始进行的改革开放，就是最突出的例子。实际上，这一地区的大多数国家，都采取了相应的行动，促使市场发挥更大的作用，推动贸易商品的生产。在从内向型经济发展转为外向型经济发展的过程中，亚洲各经济体挖掘出了更多的比较优势，从全球市场所产生的规模经济中更多获益，变得更具竞争力，同时也更加稳固了自身的技术基础。此外，这些经济体的收入和就业均有所增加。过去三十年中，亚洲的出口额占世界总额的比重增加了三倍，现在，亚洲出口额已经占世界出口总额的将近四分之一。

然而，亚洲及世界其他地区已经逐渐意识到，亚洲要想保持强劲的经济增长，必须减少对出口的过度依赖，寻找其他动力，以更平衡的方式促进经济增长。[②] 国际金融危机导致全球需求急剧下降，

---

① 新兴工业化经济体包括中国香港、韩国、新加坡和中国台湾。以下我们将新兴亚洲经济体和新兴工业化经济体统称为“亚洲”或“新兴亚洲经济体”。

② 参见朴永哲（2009），普拉萨德（2009），辛格（2010），卡恩（2010）和朱民（2010）。

因此亚洲迫切需要进行转变。不过在经济危机前，决策者们就已经意识到，与其他地区相比，亚洲过于依赖外部需求。亚洲在主要产品的出口方面所占的市场份额，已经逼近历史最高水平，并即将达到自然极限。此外，在生产和出口方面，过度依赖贸易商品，导致了对非贸易行业特别是服务行业的忽视。这种内部不平衡，导致在面临外部需求波动时，经济显得尤为脆弱，不能充分发挥非贸易行业的潜力。

近年来，亚洲外部经常性账户的不平衡日渐增加，也反映出亚洲对出口的过度依赖。从总体上看，亚洲新兴国家的经常性账户在二十世纪八九十年代间趋于平衡。20 世纪 80 年代，亚洲新兴国家经常性账户赤字占 GDP 比例约为 0.5%，而在 20 世纪 90 年代经常性账户盈余占 GDP 比例也大体相当。但是，这种情况在 2000 年后开始发生变化，经常性账户盈余急剧增加。最近十年，经常账户性盈余占 GDP 比例平均接近 4.5%。同样，亚洲储蓄额占世界储蓄总额比例，在 1980—2000 年间约为平均 11%，但这一比例在 2000 年后几乎翻了一番。2008 年金融危机后，这种情况又有所转变，由于外需萎缩，经常性账户盈余开始回落。但是，现在还不能判断这种回落是持续性的改变，还是只是周期性的变化。

促进内需，特别是国内个人需求，使之成为带动增长的第二引擎，将会减少对外需的过度依赖，从而改变目前这种不平衡状态。个人需求包括消费和投资，但在亚洲，情况则比较复杂。中国等一些国家消费水平比较低，而以东盟国家为首的一些国家，自 1997—1998 年亚洲金融危机以来，则是投资水平相对较低。因此，要想通过促进内需，重新平衡亚洲经济增长，必须考虑到与国内个人需求相关的各方面因素。在供应方面，则需要将生产从出口行业转向面向国内市场的行业。这样的调整，并不需要降低国家在贸易方面的开放度，而是需要大力发展以前被忽略的、面向国内市场的行业。这可能会促进非贸易行业生产和进口的快速增长。

那么，应该如何发动这第二引擎呢？在国际范围内的政策讨论中，人们普遍注意到有许多政策是可以促进内需的（卡恩，2010）。这些政策包括：加强社会保障体系建设，以减少预防性储蓄，促进消费；改善基础设施，促进私人投资；深化金融改革，既促进个人消费，也可以促进投资，使小企业和大企业都可以参与投资大型项目。此外，在需要的时候还可以放宽对汇率的管制。这些与重新平衡增长相关的、部分反映亚洲各国多样化内需结构的政策主旨，在各国的具体运用中，应有所不同。

概述

如上所述，重新平衡增长是一项艰巨而复杂的任务，涉及各个方面的政策及分析。近年来，国际货币基金组织的工作人员，就亚洲问题已进行过多方面的研究。本书汇集了一些他们的研究成果。[①]大部分此类研究是关于中国的重新平衡问题的，作为亚洲最大的经济体，中国问题本身就引人关注。

本书首先讨论的是亚洲重新平衡方面的一些共性问题，接下来的大部分内容则集中讨论中国问题。第一部分简要叙述了亚洲过度依赖外需来促进增长的状况，并探讨了导致亚洲大部分地区投资水平较低，而企业储蓄较高的决定性因素（企业储蓄是特别值得关注的一点，因为在过去十年，企业储蓄是导致亚洲国民储蓄上升的一个重要原因。但是这方面的研究文献却比讨论居民储蓄的要少）。第二部分集中讨论中国在重新平衡增长方面面临的挑战。其中既包括中国面临的首要挑战，即如何调整过度依赖出口的增长模式，也包括一些促进个人消费的具体问题。第一部分为“重新平衡亚洲发展：一般问题”，包括三章，集中讨论了以下问题：

- 亚洲的总体出口依赖度。第一章指出：亚洲对外需的依赖程度要高于世界上其他地区，也高于对净出口所作的简易调查所得出的结果。而内需的发展程度则比较低，这表明有些国家的消费水平过低，有些国家的投资水平过低。这一章从数量上分析了亚洲所采取的重新平衡增长的措施可能产生的影响。而且，亚洲地区作为一个整体采取这些措施会更好，这样所产生的效果要优于单个国家采取措施所产生的效果。
- 企业储蓄。在许多亚洲国家，不仅居民储蓄高，而且企业储蓄也很高，从而导致了这些国家的总体储蓄过高的局面。第二章记述了过去十几年来亚洲企业储蓄不断增加的情况。企业储蓄的增加与投资的疲弱态势形成鲜明对比，两者共

① 这项研究之前的一些成果参见参考文献第一项：国际货币基金组织（2010）。

同导致了外部不平衡性的持续增加。这一章的分析认为，面对企业储蓄过高且仍在上升的状况，需要从两方面入手予以解决。一是需要进一步发展金融市场。二是需要进一步改善企业管理，使公司能够更多地从资本市场融资，减少对留存收益的依赖。

- 投资。亚洲投资在两方面存在较突出的问题。一是一些地区投资水平较低（不包括中国）。二是投资总体向贸易行业倾斜，忽略了非贸易行业。第三章通过实证分析确定了投资基准，根据这一基准，亚洲大部分地区的投资水平都过低。分析发现，投资水平较低，主要是由一些基础因素造成的，例如，低回报率、不确定性、经商环境、市场融资渠道有限以及基础设施不完备等。

第二部分为“重新平衡中国增长：减少对出口的依赖，增加对消费的依赖”，包括五章，主要讨论了以下两方面的问题：

- 中国的出口型增长：可持续性问题以及重新平衡对就业产生的影响。第四章评估了中国出口型增长的可持续性，得出的结论是：中国要想保持目前的这种出口型增长，必须大幅增加主要产业的市场份额，同时大幅削减利润率。而转变这种出口型的增长模式可能对就业造成影响，因此通常被认为是不太可能的。但是，这种对就业的影响很少被量化。第五章利用国际货币基金组织的全球综合货币财政（GIMF）模型，推测再平衡情况，得出的结论是：短期内就业率会有所降低，但随着非贸易行业的发展将会创造出更多的就业岗位，因此，从长期看，就业率实际上是会增加的。
- 家庭消费。第六至第八章论证了促进个人消费所面临的挑战及应对办法，主要研究的是中国的情况。第六章分析了个人消费的决定因素。这一章的分析发现：中国过低的家庭收入份额以及由一些经济因素造成的过高的储蓄率，共同导致了个人消费占 GDP 比例较低这样一种状况。值得注意的一点是，中国过高的家庭储蓄并非是由文化因素造成的，而是由相对较简单的经济因素造成的，这些经济因素反映在一小组经济变量上，因此可以通过制定相应的经济政策降低家庭储蓄。第七章分析了中国政府在卫生和教育方面的支出对预防性储蓄（以及消费）的特殊影响。这一章的分析发现：政府在卫生方面的支出，可以极大地促进城镇消费。第八章通过实证研究以及对其他国家（巴西和韩国）所作的案例研究，分析了中国在发展消费金融以促进消费方面的潜力。这一章得出的结论是：中国在消费金融方面的创新有助于促进家庭消费。

关于亚洲重新平衡增长，目前有很多正在进行的、政策及学术方面的讨论。我们希望，本书对这些讨论能够有所帮助。

（维韦克·阿罗拉　罗伯托·卡达雷利）

参考文献

国际货币基金组织：《地区经济展望：亚太地区——引领全球经济复苏和中期重新平衡》（华盛顿），2010 年 4 月。

朴永哲："全球经济危机和东亚的重新平衡增长"，《政策研究简报》15 号（东京：亚洲开发银行研究院），2009 年。

埃斯瓦尔·普拉萨德："亚洲重新平衡增长"，国家经济研究局工作文件 15169 号（马萨诸塞州剑桥市：国家经济研究局），2009 年。

阿诺·辛格："亚洲：引领前进之路"，《金融与发展》，2010 年 4 月，第 5 - 7 页。

多米尼克·斯特劳斯·卡恩："亚洲和全球经济：引领 21 世纪前进之路"，"21 世纪的亚洲"高层会议（韩国）开幕词，2010 年 7 月 12 日。

朱民："关于亚洲经济的访谈"，《金融与发展》，2010 年 4 月，第 12 - 13 页。

第一部分

重新平衡亚洲发展：一般问题

第一章

重新平衡亚洲发展

区域内贸易在过去十年中增长强劲，但亚洲仍在很大程度上依赖外部需求——在这方面比其他地区都更为严重。亚洲各国在危机后应该更多地依靠国内需求来维持高增长，提高经济弹性。为了以内需为导向重新平衡经济再平衡，需要区域经济体在各个领域采取相应的行动。如提高消费、增加投资等，还有不少国家则需要提高服务部门的生产力。为了实现这些目标，需要采取全面的一揽子措施，包括财政措施，产品、劳动力与金融市场的改革，及更为灵活的汇率制度等。亚洲若能实现以内需为导向重新平衡发展，特别是如果能在整个区域内同步实施这一措施，必将有助于重新平衡全球需求。这也是目前世界经济最为强大的发展动力。

引言

亚洲与世界经济都需要重新平衡需求才能恢复到可持续的高增长状态（布兰查德和米莱斯·弗瑞特, 2009）。基于信贷膨胀的消费增长发源于21世纪初的美国及其他发达经济体，已经在全球金融危机中宣告消亡。但这场危机对家庭和金融机构所造成的损害依然存在。未来将采取大规模的财政整顿以及更为严格的金融调控措施，这些举措表明国内需求在这些经济体中不太可能重拾危机前的发展势头。

对亚洲而言，发达经济体的增长疲软，也许意味着外部需求的重要来源仍然受到压制。过去十年，亚洲各经济体之间的贸易融合不断加强，让人们希望亚洲可以更加灵活地应对发达经济体的商业周期，其区域内的经济体也可以通过相互贸易更快地融合。但是在2008年年末，面对世界需求的突然崩溃，亚洲的出口依赖型经济并未作出与之相称的反应。这表明，亚洲的财富依然与国际经济状况紧密相关。也就是说，这一地区比其他地区更有可能从国际需求的再平衡中获益。

在此情况下，本章主要探讨以下三个问题：

- 亚洲是否比其他地区更加依赖外部需求？
- 增强亚洲地区国内增长动力需要什么条件？是否存在区域内差异？
- 亚洲和亚洲以外其他国家的哪些政策将有助于成功实现重新平衡世界需求？

为了回答这些问题，本章采取了三步走的策略。首先，通过考察贸易流量附加值的概念，将亚洲增长对于外部需求的依赖进行量化，这一做法可以明确地展现亚洲与发达经济体之间各种直接或间接的贸易联系（例如，马来西亚面向美国的出口，是通过向中国出口半成品来实现的）。第二，将基于模型与实证数据得到相关的基准线，再通过比较来评估亚洲的消费与投资是否确实“过低”，而贸易部门所用资源又是否“过高”。第三，采用国际货币基金组织的全球综合货币与财政模型（GIMF 模型）来评估亚洲和其他国家为了增强国内增长动力所采取的宏观政策与结构政策所产生的具体影响。

本章有以下两个主要发现：

- 亚洲的发展比其他发达经济体和新型市场地区都更为依赖外部需求。这种依赖反映在生产结构的不平衡性上。生产结构严重倾向于工业，更笼统地说，就是贸易部门。因此，发展的再平衡就需要加强大多数亚洲经济体中服务部门的生产力。在有些经济体中，消费占 GDP 的比例过低，尤其突出的是中国，而其他几个经济体仍有增大投资的空间。
- 产品、劳动力与金融市场的改革，以及财政与汇率制度的改革都可以成功改变发展模式。这些改革若能在地区内各个经济体中同步执行，效果将更为理想。如果只有几个国家实施改革，平衡之举在国内与区域内也可能产生积极的外溢效应（特别是在像中国这样较大的经济体进行改革），但未必能有效地弥补因发达经济体需求疲软而导致的后果。

对亚洲出口依赖程度的评估

当前贸易的性质发生了结构性的变化，跨境供应链网络变得日益重要，这样我们就很难评估一个国家的发展对于外部需求的依赖程度。由于垂直贸易一体化的增加就意味着出口中所包含的国内附加产值的减少（参见崔和赛德，2007 年，关于中国的例子），简单使用“出口占 GDP 比率”容易夸大对外部的依赖程度。垂直贸易一体化还掩盖了一个经济体对最终需求来源的真实出口情况（参见国际货币基金组织 2008 年 4 月报告《地区经济展望：亚洲与太平洋地区》）。例如，东盟各经济体对美国的依赖不仅体现在他们对美国的直接出口上，而且还体现在他们向其他国家出口半成品，被加工后再出口到美国（图 1.1）。为了全面体现直接与间接的出口情况，我们用“亚洲国际投入产出表”（AIO）来描述亚洲各经济体如何将国内外投入用于产品生产。这样的方法有助于我们衡量那些在经济体内生产出的附加值在多大的程度上可以被归因于国内、区域内以及区域外的需求（详见技术附录）。①

采用这一方法我们获得了如下结果：

- 亚洲的出口“敞口”—— 指与外部需求相关的附加值所占的份额——就国际标准而言是较高的。数据库中所有亚洲

图 1.1

垂直统一管理对贸易的影响实例

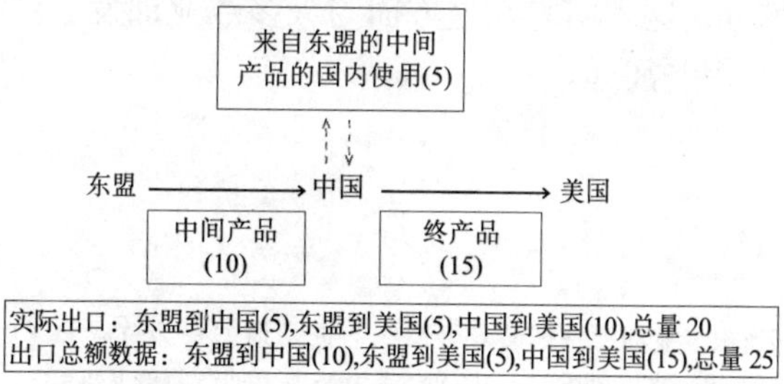

备注：括号中的数字表示产品的单位，仅作示意。

① 还可参见卡拉等人（2009）的研究。该投入产出表是基于日本对外贸易组织所提供的 2000 年亚洲投入产出表，采用普拉和贝尔托宁（2009）的方法所编制的 1995—2008 年期间的投入产出表。

图 1.2

GDP 中出口增加值的份额，2000 年和 2005 年（百分比）

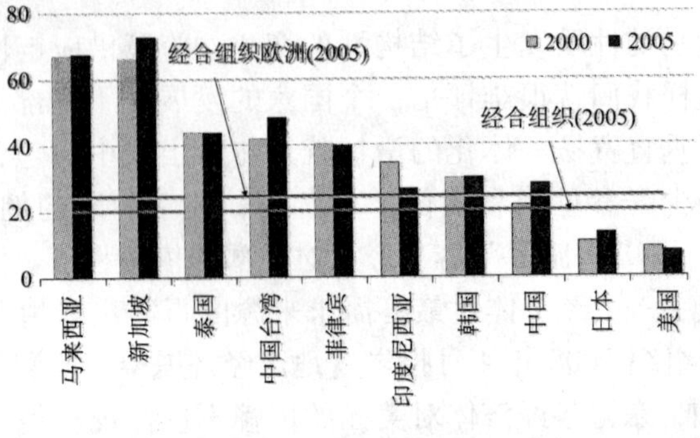

资料来源：日本对外贸易组织（JETRO）的亚洲进出口表（2000）、OECD、UN COMTRADE、CEIC 数据有限公司和 IMF 工作人员估算值。

经济体（除日本外）都超过了经合组织平均值，而大多数经济体的出口“敞口”甚至比高度一体化的欧洲经合组织成员国还高（图 1.2）。① 还值得注意的是，这种“敞口”差距随时间有总体上扩大的趋势。尽管在有些地区，如韩国、菲律宾和中国台湾，亚洲区域内部需求的敞口已经有所增加，但仍有约三分之二的出口附加值流向亚洲境外。② 中国的情况则完全不同，中国对于本区域内的出口敞口基数较小，而且相对稳定。③ 印度并未纳入这一研究的数据库中，但印度的出口总额相对 GDP 的比重很小（2009 年为 19%），这表明它在这方面与大多数亚洲发展中国家和新兴国家相差甚远。

① 因数据所限，亚洲经济体的经合组织数据是根据外部总需求（而非最终外部需求）计算而得。如此一来，外部总需求就会成为一项更加严苛的基准线。

② 计算中参考香港特别行政区的转口贸易做了调整，否则就有可能高估亚洲需求对该区域附加值的贡献。

③ 中国对亚洲以外的外部需求的敞口已经从总附加值的 15%（1995—2000 年平均水平）增至 19% 以上（2001—2008 年平均水平），而对于亚洲需求的敞口却始终稳定在总增加值的 6% 左右。这些趋势总体上反映出中国已经成为该区域内供应链网络的中心，因而对发达经济体的出口快速增长。

图 1.3

出口依赖程度与敞口（2001—2008 年平均值，百分比）

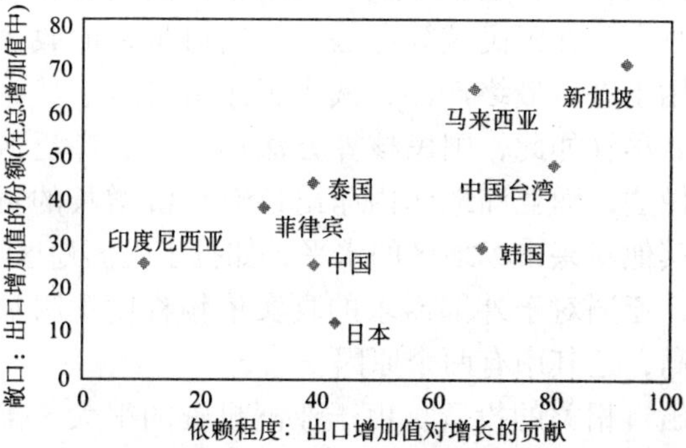

资料来源：日本对外贸易组织（JETRO）的亚洲进出口表（2000）、OECD、UN COMTRADE、CEIC 数据有限公司、Haver Analytics 和 IMF 工作人员估算值。

图 1.4

对实际 GDP 增长的平均贡献，2001—2007[a,b]

（占实际 GDP 增长的百分比）

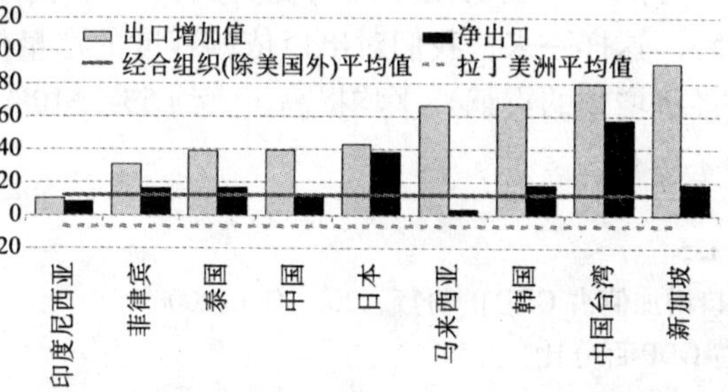

资料来源：日本对外贸易组织（JETRO）、亚洲进出口表（2000）、OECD、UN COMTRADE、CEIC 数据有限公司、Haver Analytics 和 IMF 工作人员估算。

a 2001—2007 年对三年增长率的平均贡献。汇率调整紧缩指数。

b 拉丁美洲地区包括阿根廷、玻利维亚、巴西、智利、哥伦比亚、墨西哥、巴拉圭、秘鲁、乌拉圭和委内瑞拉。

- 即使在出口敞口相对较低的经济体中，出口也常常充当主要的发展动力（图 1.3）。例如在日本，尽管出口敞口只占附加值的 10%，该国的出口在全球衰退之前的 2001—2007 年间，对经济增长的贡献率为 40%。其间，相对于外部需求，其国内需求的增长非常疲弱（图 1.4）。比较依国民核算得出的结论，基于附加值所得到的出口对亚洲各个经济体发展所作的贡献要高出很多，通常会相差一倍甚至更多。其原因在于，基于附加值的衡量方法能够体现出口所带来的收入。在国民核算办法中，出口带来的收入一定程度上会用于进口最终产品，减少了净出口对于经济发展的贡献量。尽管如此，国民核算方法仍是目前广泛认可的国际规范做法，而亚洲地区内净出口对经济增长的贡献也始终高于其他新兴市场地区的水平，如拉丁美洲地区。

事实上，亚洲对于外部需求的真实依赖程度比附加值算法所得的结果还要高，这其中有两个原因：

- 与出口相关的投资。由于亚洲投资的很大一部分都与出口商品有关，外部需求通过影响投资进而影响到经济发展（见郭和恩迪亚耶，2009a，有关中国的研究）。根据出口在制造业产出中所占的份额以及机械投资在总固定资本形成中的份额，我们可以作出简单的估算。结果表明，亚洲的投资中约30%—40%都最终依赖于出口。有鉴于此，我们对对外敞口的衡量值也在区域平均值的基础上提高了大约10个百分点，中国的出口敞口提高到其GDP的45%以上（图1.5)。这样一来，我们对出口依赖程度的衡量值（反映出口对经济增长的贡献）平均提高了大约5%—10%。

图1.5

出口增加值占GDP的份额，2000年和2008年

（占GDP百分比）

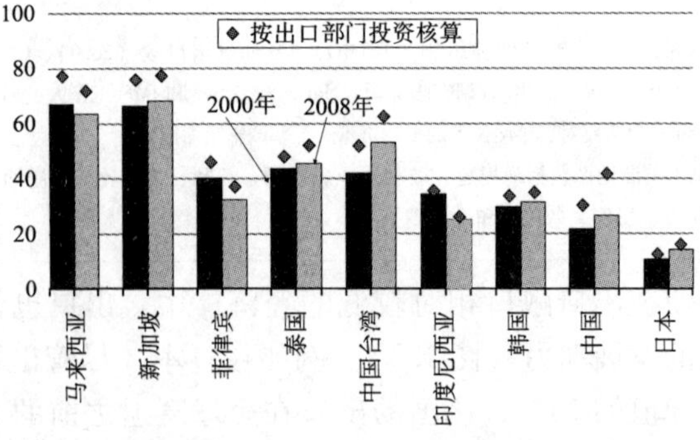

资料来源：日本对外贸易组织（JETRO）的亚洲进出口表（2000）、OECD、UN COMTRADE、CEIC数据有限公司、Haver Analytics和IMF工作人员估算值。

图 1.6
中高技术产品占出口总额的份额
(2000—2008 年平均值)

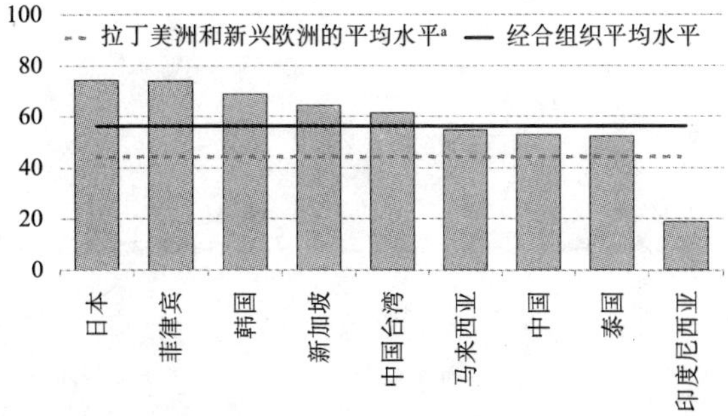

资料来源：UN COMTRADE 数据库。

a 拉丁美洲地区包括阿根廷、玻利维亚、巴西、智利、哥伦比亚、墨西哥、巴拉圭、秘鲁、乌拉圭和委内瑞拉。新兴欧洲地区包括保加利亚、克罗地亚、捷克、爱沙尼亚、匈牙利、拉脱维亚、立陶宛、波兰、罗马尼亚、斯洛伐克和斯洛文尼亚。

- 叠加效应。亚洲在一些具有高度周期性的制造部门的专业分工，特别是信息技术产品的制造，也加剧了亚洲对于出口的依赖（图 1.6）。[①] 2008 年年末全球金融动荡后，上述产品的需求出现严重下滑，而这部分需求严重依赖于信贷市场与消费者信心。在 2009 年第二季度之前的四个季度内，美国从亚洲国家的进口降幅是美国消费降幅的十倍。依据我们对出口依赖程度的衡量来看，在这段时期内，全亚洲各个经济体的出口降幅可能令该国 GDP 增长幅度下降了 0.5 个到 2 个百分点（图 1.7）。[②]

① 对许多亚洲经济体而言，中等技术与高科技出口占出口总额的比例超过了经合组织的平均值（约为 57%），而在我们的样本中，除印度尼西亚以外的其他所有经济体而言，这一数据都超过了拉丁美洲和欧洲新兴经济体的平均水平（约为 45%）。这里对中等科技和高科技的定义是基于《国际标准产业分类》（第 2 修订版）中的分类标准。

② 如果美国的进口需求对亚洲进口的影响和对其他地区进口的影响不成比例，那我们所估算的影响还会更大（在极端假设下，若这一影响全部集中于从亚洲的进口，那可能占到 GDP 的 2% 至 8%）。

图 1.7

美国最终个人需求的实际减少对增加值的影响，2008—2009 年[a]

（占 GDP 的百分比）

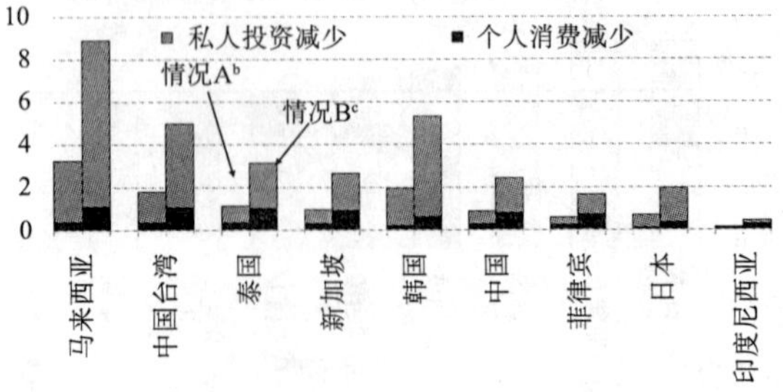

资料来源：日本对外贸易组织（JETRO）的亚洲进出口表（2000）、OECD、UN COMTRADE、CEIC 数据有限公司、Haver Analytics 和 IMF 工作人员估算。

a 2008—2009 年期间美国个人耐用品开支。对进口的影响与耐用品消费和机械设备投资的份额成正比。

b 美国耐用品进口的减少对美国从亚洲国家进口额的影响与亚洲占美国耐用品进口的份额成正比。

c 美国耐用品进口的下降集中在从亚洲国家的进口部分。

重新平衡对亚洲经济体意味着什么？

还有另外一种方法可以测量亚洲是否“过度”依赖外部需求。那就是评估亚洲各国的国内消费与投资是否过低。在本节中，我们将针对亚洲的消费与投资提出两个不同的基准线来解决这些问题，一个基准线是基于简单新古典发展模型所预测的数值，另一个是基于投资与消费的标准实证模型的结果。

消费是否过低？

通常认为，亚洲各国经常项目账户盈余的主要原因在于过度疲弱的消费（参见伯南克，2005）。不过，亚洲各国的消费占 GDP 比率却存在显著的差异，在中国不足 40%，但在菲律宾大约是 70%（图 1.8）。众多区域经济体的消费水平都接近于经合组织或其他新兴市场的平均水平。这一点说明，对那种认为亚洲的消费过低的笼统说法，我们还是应该有所保留。那么，基于模型和基于实证所得的基准线又说明了什么呢？

图 1.8

个人消费（占 GDP 的百分比；2004—2009 年平均值）

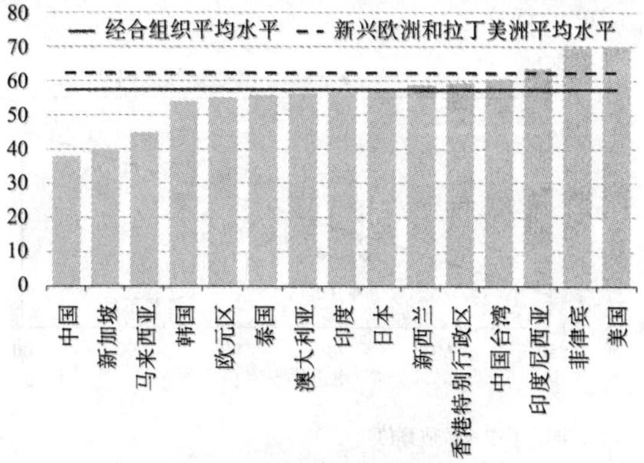

资料来源：IMF 的世界经济展望数据库。

- 基于模型的估算值。一些亚洲经济体的实际消费与我们估算的稳定状态的消费水平大体一致（详见技术附录）（图 1.9）。与其他新兴市场经济体内部的离差相比，亚洲的情况一般处于全球样本值的一个标准差内。但有一个重要的特例，即相比而言中国的消费要低得多。实际上，近几年来，亚洲几乎三分之二的国民储蓄总值（除日本外）都来自中国（普拉萨德，2009）。
- 实证基准线。从结构性消费等式所得的各国证据（详见第六章）表明，中国的消费占 GDP 比率比较低，这与该国的行为因素没有太大的关系。相反，更主要的原因是家庭可支配收入的比例较低且不断下降，而储蓄率又不断上升（图 1.10）。从 2000 年到 2007 年，日本和韩国的家庭可支配收入占 GDP 的比例也有所下降，但这些国家人们的普遍做法是保持消费水平，降低储蓄率。[①] 中国的家庭储蓄率较高，反映出人们希望通过预防性储蓄来抵消社会保障与服务欠缺所造成的影响，以及其他诸如性别不平衡等人口统计学因素。[②] 其他

① 亚洲各国家庭可支配收入比例的下降也体现在企业效益与储蓄的增长方面。这一点在 IMF 2009 年 10 月的《区域经济展望：亚洲与太平洋地区》中有所分析。

② 其他例子见布兰查德和 Giavazzi（2005），Kuijs（2005），Chamon & Prasad（2010）和 Wei & Zhang（2009）。

图 1.9

相对于稳定状态的消费，2004—2008 年[a]

（占 GDP 的百分比）

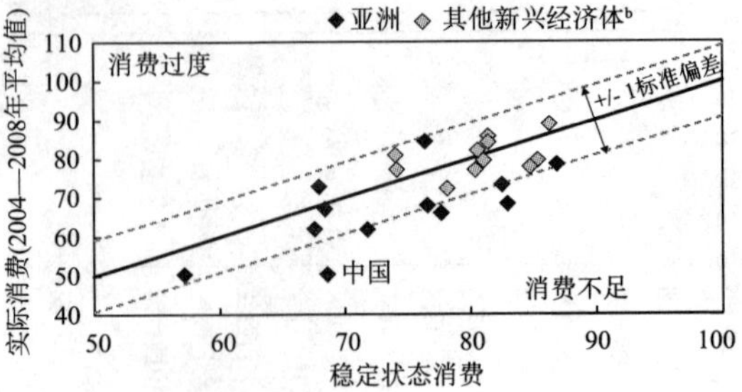

资料来源：IMF 工作人员估算值。

a. 采用 IMF 的 CGER 的宏观经济平衡方法中的储蓄—投资表。

b. 其他新兴经济体包括阿根廷、巴西、智利、哥伦比亚、埃及、以色列、墨西哥、摩洛哥、巴基斯坦、秘鲁、南非和土耳其。

图 1.10

个人消费占 GDP 比例的累积变化（2000—2007 年）：可支配收入和储蓄率的估计贡献率

（占 GDP 的百分比）

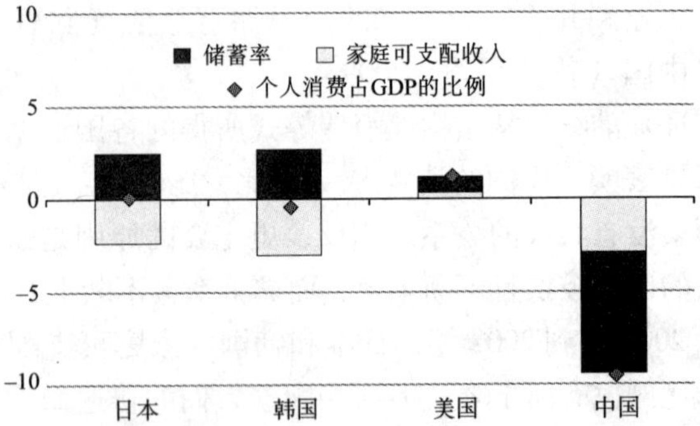

资料来源：郭和恩迪亚耶（2010）。

的可能因素还包括不能充分获得金融服务，如消费品信用贷款和住宅信贷等。如我们在后文第七章所讨论的那样，改革社会保险与服务，特别是医疗福利，可以有效地刺激中国的消费。而改善金融服务的措施，如韩国在发展抵押信贷市场方面的努力，也将有助于增加个人消费。

图 1.11

投资（占 GDP 的百分比，2004—2009 年平均值）

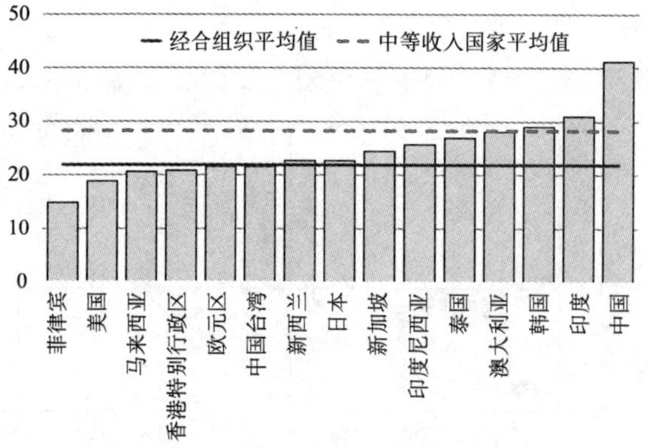

资料来源：世界银行的世界发展指标和 IMF 的世界经济展望数据库。

投资是否过低?

亚洲的经常项目账户盈余较高还可能是源于投资暴跌。在发展中的亚洲，1997—1998 年亚洲危机之后，投资占 GDP 的比率骤跌了大约 10 个百分点，而且从此一蹶不振（尤其是那些在危机中深受重创的经济体），不过储蓄却大抵保持稳定（见第八章）。这一比率下跌的部分原因在于，危机之前若干年存在过度投资，区域内各国的投资占 GDP 的比率存在很大的差异，这也说明我们必须谨慎推断，以免以偏概全（图 1.11）。[①] 除马来西亚和菲律宾外，大多数新兴亚洲经济体的总体投资率都高于经合组织的平均值，更接近于中等收入国家的平均值，这也符合他们目前处于较低发展阶段的国情。在那些亚洲工业化经济体中，投资率接近经合组织平均值（约为 20%—25%），只有韩国相对较高。在那些遭受亚洲金融危机重创的经济体中，投资崩溃主要源于私人投资；公共投资则刚好相反，在危机后反而有所增加（特别是在韩国、马来西亚和泰国），这有赖于改善基础设施的计划，同时也部分抵消了私人投资的减少。

① 艾琴格林（2006），霍里（2007），及吉马良斯和恩特罗博拉斯特尔（2006）。

图 1.12

2008 年相对稳定状态水平的资本产出比和投资产出比

（相对于 2008 年的稳定状态水平）

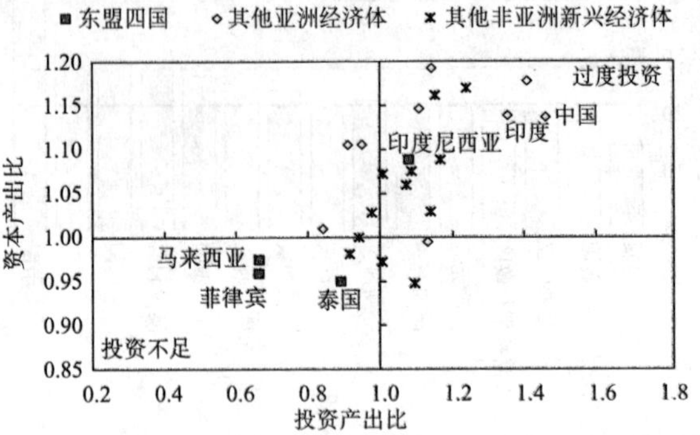

资料来源：Penn World tables、IMF 的世界经济展望数据库和工作人员计算值。

- 基于模型的估算值。有些国家的资本产出率低于长期水平，那么如果要追上他们的趋势水平，其投资率就应该高于长期水平。否则，投资率就会被视为“过低”，并认为这些国家“投资不足”（图 1.12）。我们对约 30 个主要新兴经济体的资本与投资率的稳定状态水平进行了估算，结果发现，一些东盟经济体（除印度尼西亚）在近年来深深陷入图 1.12 中“投资不足”的象限之中（参见技术附录）。与此相反，中国与印度却都在过度投资的象限中显得非常突出。不过，我们应当谨慎地看待这些在模型基础上得到的估计值，因为它们并没有反映出结构的变化，如在资本、基础设施或住房投资方面过分集中而偏离增长曲线的情况。[1]
- 实证基准线。基于投资实证模型所得的估计值表明，投资气候疲弱，特别是管理不得力，以及宏观经济形势不明等，

---

① 此外，它们也没有很好地控制投资效率在一定时间内的变化，尽管事实上这些数据对一定范围内的折旧率而言依然很有说服力，这也在一定程度上解决了这个问题。除亚洲危机时期之外，增量资本产出比一直保持相对稳定。在 20 世纪 80 年代，东南亚新兴经济体的平均水平大约是 4.5，而在 21 世纪的第一个十年，这个水平差不多是 4，这说明总效率在大体上保持稳定。

都阻碍了该地区内，特别是东盟四国的私人投资（图 1.13）。[①]该地区的众多经济体已提出了改革方案，力求改善商业气候，其中包括加强法治、债权人权利、政府运作的透明度；促进金融服务改革；在国外与国内私人与公共投资者之间进行协调平衡（参见第八章）。所有这些努力旨在刺激国内与国外投资。不过，尽管已有了上述种种进步，投资者仍感觉进展缓慢（见霍里，2008，及 IMF 2006 年 5 月的《区域经济展望：亚洲与太平洋地区》）。

和上述情况正好相反，中国与印度的高投资水平反而形成了不同的挑战。中国的消费水平相对于 GDP 而言异乎寻常的低，同时十分依赖外部需求。这说明中国有必要改变现有的投资结构，从现在的制造业和出口行业转向社会与消费性部门，这样才能将增长方向转向于消费。在另一方面，印度的总体投资水平介于中国和东盟四国之间，其需求已经基本达到了国内需求与外部需求的良好平衡，但它也能从金融改革与财政整顿中获益，刺激私人部门参与基础设施的投资。

图 1.13

从样本平均值得到的基于模型的投资占 GDP 比率误差的决定因素

（占样本平均值的百分比，1980—2008 年）

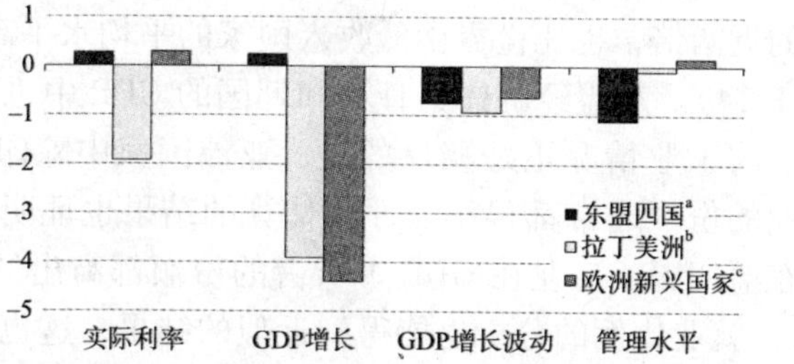

资料来源：IMF 工作人员估算。

a. 东盟四国包括印度尼西亚、马来西亚、菲律宾和泰国。

b. 拉丁美洲包括阿根廷、巴西、智利、哥伦比亚、墨西哥和乌拉圭。

c. 欧洲新兴国家包括保加利亚、克罗地亚、捷克、爱沙尼亚、匈牙利、拉脱维亚、立陶宛、波兰、罗马尼亚、塞尔维亚、斯洛伐克和斯洛文尼亚。

---

① 这一点在其他方面也有所体现，例如，《国际国别风险指南》所列的管理指标总体上反映的是投资者对公共和私人部门的腐败的感知。在这样的情况下，一个日益恶化的投资气候并不一定反映了真实的衰退，也可能反映了在像亚洲金融危机这样严峻的经济打击下投资者不断恶化的感觉。

图 1.14

工业占 GDP 的额外份额，2000 年和 2008 年[a]

（单位：百分点；国家工业份额减去同组工业份额）

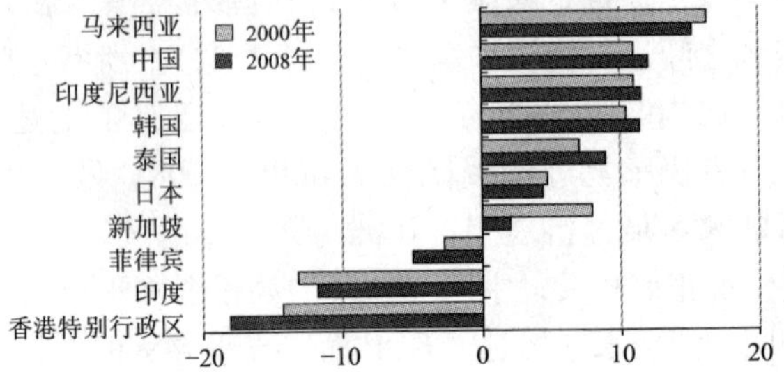

资料来源：世界银行的世界发展指数和 IMF 工作人员计算值。

a 同类小组是根据世界发展指数定义的。具体国家分组如下：香港特别行政区、日本、韩国、新加坡（经合组织）；中国、印度尼西亚、菲律宾和泰国（低收入和中等收入国家）；印度（中低收入国家）；马来西亚（中高收入国家）。

是否存在供给面的不平衡？

在供给方面，对外部消费的高度依赖通常表现在对贸易部门的过度依赖上。例如，中国约 50% 的 GDP 都来自于工业，是经合组织平均水平的近两倍，也比世界中低收入国家的平均水平高出 10 个百分点（图 1.14）。东盟经济体、日本和韩国的 GDP 中也有相当大的工业份额。与工业情况正好相反的是，亚洲国家中除印度外，GDP 中服务行业的份额通常都很小。回归估算的结果也证明，无论是在中国还是东盟四国，工业在 GDP 中所占的份额都高出"常规水平"（图 1.15）。就业比例的分析也能得到近似的结果，这也就证明了亚洲经济体对工业依赖过高，而对服务业依赖过低。

工业与服务业大体上分别是贸易与非贸易部门的体现。亚洲服务部门的生产力通常都比较低，与美国相比，该部门的生产力一直停滞不前（图 1.16）。实证研究发现，放宽管制和进一步对国外竞争者开放市场都可以帮助服务部门重新获得发展的动力（尼科利迪和斯卡皮特，2003；康威等人，2006）。事实确实如此，许多区域经济体已经做出了一些政策上的努力，力求在与基础设施相关的服务业中引入更多的竞争，进一步开放零售与金融部门，解除进入卫生与教育等社会服务领域的限制。

图 1.15

基于模型的工业占 GDP 的额外份额，2000 年和 2008 年[a]

（单位：百分比）

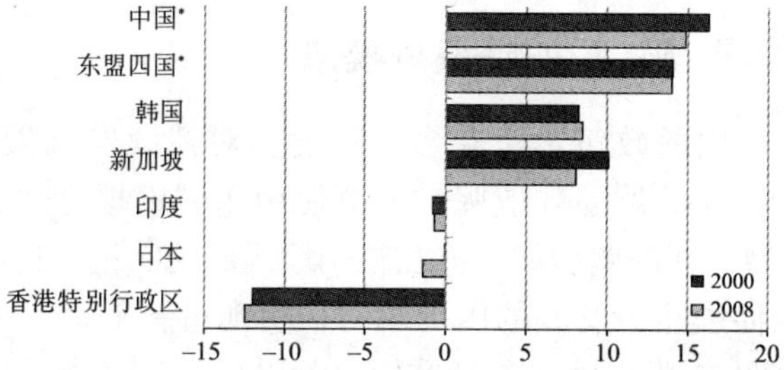

资料来源：IMF 工作人员估算值。

a 根据具体国家虚变量估算而得。工业份额的解释性变量包括人均收入（PPP）、人口和地理面积。

* 表示 5% 的显著性水平。

图 1.16

亚洲：生产力水平，1987—2008 年

（相对于美国）

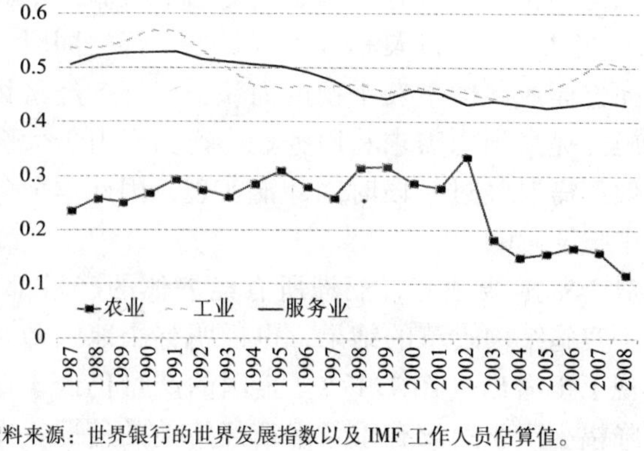

资料来源：世界银行的世界发展指数以及 IMF 工作人员估算值。

印度的服务业充满活力，形成了有趣的对照。在印度，服务部门一直都是经济中最富活力的一部分，这也在一方面反映了其较高的生产力发展。印度的服务部门在过去的二十年间都主导着 GDP 的发展。不过，相比那些由制成品出口带动经济发展的国家，印度的

正规就业始终增长缓慢。扩大基础设施投资来改善与市场的联系，以及对劳动法和其他法规的宽松处理，这些都能够改善工农业的发展前景。不过这些产业在传统概念里都是劳动密集型产业。

重新平衡的影响：说明性模型模拟

整个地区内的政策可以在多大程度上对持续发展做出贡献呢？又会产生什么样的外溢效应呢？本节使用多国模拟方法，依据 IMF 的 GIMF 模型，帮助阐明如果能在整个地区成功实施结构与宏观经济政策，可以促进经济发展的国内动力，实现重新平衡。本节中所讨论的政策（见专栏 1.1），包括结构改革以提高生产力及增加非贸易部门投资；包括金融部门和财政政策以减少进行预防性储蓄的动机；也包括在实际有效汇率（REER）方面的举措。各经济体综合使用这些政策时，应该考虑到上一节所讨论到的供应方面的不平衡与资源分配上的不平衡。同时，这些政策通常也应该与政府所实施或设想的中期改革方案相一致。

主要情景：各经济体同时实施重新平衡

本节所考虑的主要情景是，在面对美国需求疲软时，亚洲如何成功地重新获得平衡。这一方案设定，美国个人储蓄率高出基准线提高到了 GDP 的 2.5%，以及私人投资长期下降。同时，亚洲各经济体呈现出完善而成熟的重获平衡的面貌：亚洲各经济体同时采取所有政策措施，提高国内需求和服务业生产力。由于大多数的改革措施及其成效都需要经过一段时间才能实现，因此本节的重点是政策所产生的中长期影响。①

- 相对于基准线预测，亚洲所有经济体的产量都有所增加，这是实施结构改革的结果，也说明整个地区乃至全世界都出现了正溢出（图 1.17）。美国的产量仍低于基准线，不过降幅小于亚洲没有重新平衡经济前的情况。布兰查德和米莱斯·费瑞提（2009）所做的 GIMF 的模型模拟表明，亚洲新兴经济体为了实现重新平衡所作的努力（包括减少

---

① 不过，重新平衡经济发展也会有短期成本，如较低的就业率。但是这些又取决于劳动力市场的灵活程度以及促进平稳过渡的相关政策（IMF 的《世界经济展望》（2010 年 4 月）；郭和恩迪亚耶，2009b）。

专栏 1.1

亚洲 GIMF 模型与政策假设

本章中所使用的 GIMF 模型涵盖了八个地区：五个亚洲板块（中国、亚洲新兴经济体、日本、韩国，以及澳大利亚与新西兰）、美国、欧元区和世界其他地区。[a]与本章第一小节相一致，这一模型还整合了各个生产层次，不同的中间产品制造、向国内外装配商销售中间产品、最终消费和投资产品的生产。因此，这一模型可以更全面体现出（直接与间接的）外部冲击的传导作用和重新平衡所带来的外溢效应。

在主要情景中，我们假设亚洲经济体在实现重新平衡中会采取以下政策：

- 中国的一揽子改革政策近似于恩迪亚耶、张和张（2008）所设想的那样，包括（1）旨在提高服务部门生产力的结构改革（如增加国内与国外公司之间的竞争，进一步开放零售服务业），同时家庭消费会转向非贸易商品；（2）扩大教育、医疗与养老金福利的覆盖面并改善农村地区的基础设施，推进财政改革，减少预防性储蓄；（3）进一步推进金融发展与自由化（包括利率自由化），促进家庭消费与资本分配更顺畅合理，并进一步提高银行的风险管理能力；（4）逐步实现人民币实际有效汇率的上升——如在十年间升值 20% ——这样可以更好地支持经济发展向依赖非贸易部门转移，并通过提高劳动力收入份额来刺激个人消费。
- 日本的一揽子改革方案应该紧紧围绕提高服务部门生产力（在五年内每年提高 0.5 个百分点），推进劳动力与产品市场的自由化，以及促进公共金融步入可持续发展的轨道。财政整顿的目标是在五年内使财政赤字的降幅达到 GDP 的 5%（与 2002—2007 年间的整顿过程相似，但那时处于经济健康发展时期）。其中一半的责任由增加税收承担，而另一半则在于减少开支。只要逐步提高消费税率，就可以达到增加税收的目标。
- 在韩国与新兴亚洲经济体中，结构改革的目标是提高服务部门的生产力，这需要通过鼓励竞争，促使贸易与非贸易部门之间的平等竞争，提高劳动力与产品市场的灵活性，以及发展国内资本市场，包括减少家庭信贷约束来实现。

---

a 亚洲新兴经济体包括香港特别行政区、印度尼西亚、菲律宾、新加坡和泰国。

图 1. 17
产出（主要情景预测）
（根据基准数据的偏差，单位：百分比）

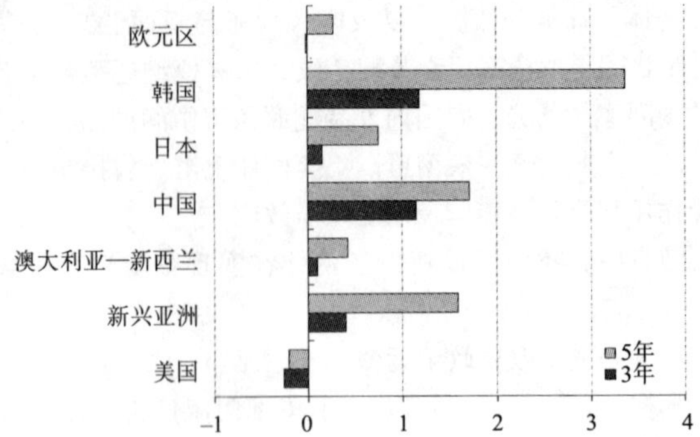

资料来源：IMF 工作人员估算值。

储蓄和更为灵活的汇率制度），能够刺激美国产量的增加。相比没有实现重新平衡的情况，产量可以提高大约 1%。①

- 除中国以外，其他各个经济体在中短期内投资相对于 GDP 的比例均增长（图 1. 18）。结构改革提高了生产力，投资增长主要是在非贸易部门。而在中国，非贸易部门的公司投资更多，而贸易部门的公司因资本成本增加和汇率升值的影响，投资反而较少。一开始主要表现为贸易部门的投资减少，随着时间的推移，公司在非贸易部门的投资逐步增加以满足不断增长的需求，投资总额就会随之增加。
- 澳大利亚、中国、亚洲新兴经济体与新西兰的个人消费占 GDP 的比例均上升（图 1. 19）。个人消费的较高份额反映出金融部门改革使金融服务更为完善，预防性储蓄减少，劳动力收入增长，外债支付降低带来了财富效应。在澳大

① 根据这些模拟，如果重新平衡全球需求仅仅集中在新兴亚洲国家，那么美国在三年后的产量将会保持在基准线之下 2 个百分点（而没有亚洲在重新平衡经济方面的努力，这一数值大约是基准线以下 3 个百分点）。

图 1.18

投资占 GDP 比率（主要情景预测）

（根据基准数据的偏差，单位：百分比）

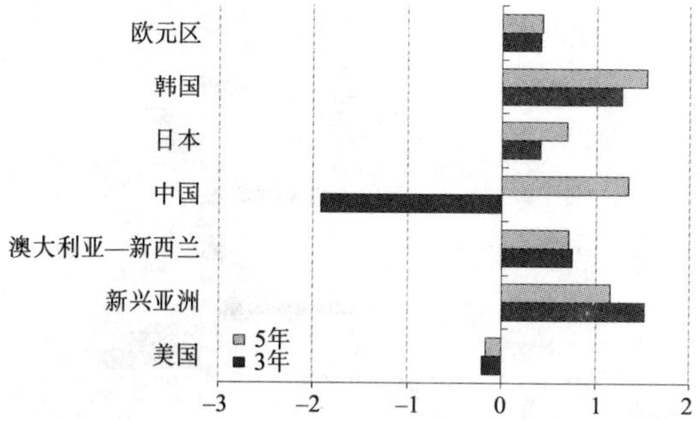

资料来源：IMF 工作人员估算值。

图 1.19

消费占 GDP 比率（主要情景预测）

（根据基准数据的偏差，单位：百分比）

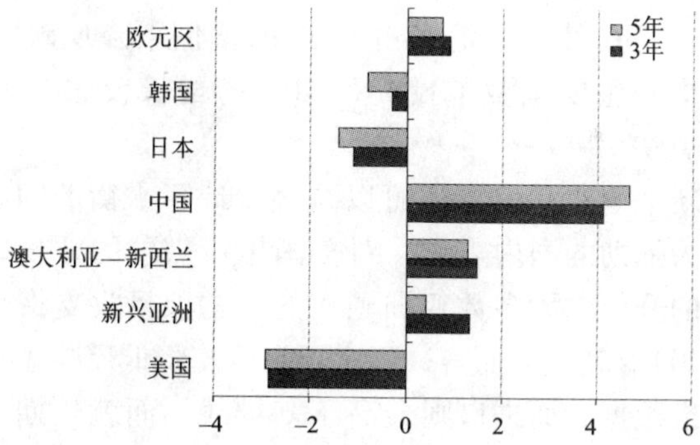

资料来源：IMF 工作人员估算值。

利亚和新西兰，低利率与一定程度上的货币升值造成了支付降低。[①]日本和韩国的消费占 GDP 的比例下降，但至少就中短期而言，两者下降的原因并不相同。在日本，预计消费税率提高以

① 由于大部分银行的外债是有避险保护的，澳大利亚和新西兰因货币变动而造成的估值效应也可能被夸大了。

图 1.20

经常账户收支占 GDP 比率（主要情景预测）

（根据基准数据的偏差，单位：百分比）

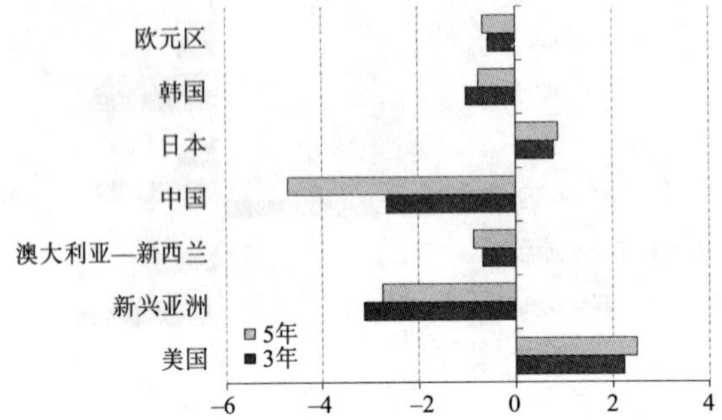

资料来源：IMF 工作人员估算值。

减少公债的水平，财政整顿会对风险溢价产生积极影响，且收效之一就是预防性储蓄的减少，但这一做法在最初一段时间里会抑制消费。随着结构改革的收效日益明显，紧缩性财政态势告一段落，消费在长期内就会有所增长。在韩国，消费占 GDP 的比例下降反映出该国的改革措施主要刺激了投资，GDP 的增长较比个人消费的增长更快。

- 重新平衡亚洲发展还可以减轻全球不平衡的问题。得益于更为强劲的国内需求、对美国出口需求的减少以及本国货币的升值，大多数亚洲国家的经常项目收支将会降低（图 1.20）。就短期而言，经常项目收支降低反映了出口将低于基准数据，而进口则会高于基准线。而就长期来看，中国巨大的进口需求将会增加日本、韩国与亚洲新兴经济体的出口（图 1.21 和图 1.22）。中国的强劲需求会令不少国家获益，特别是那些已经具备适当生产结构、有能力生产中国所需最终产品的国家。韩国就是一个典型的例子。
- 对印度而言，亚洲的重新平衡所带来的外溢效应可能相对有限。本章第一小节已经说过，相比于亚洲其他国家，印度对出口的依赖程度较低。因此这一地区国内需求的增长

图 1. 21

出口（主要情景预测）

（根据基准数据的偏差，单位：百分比）

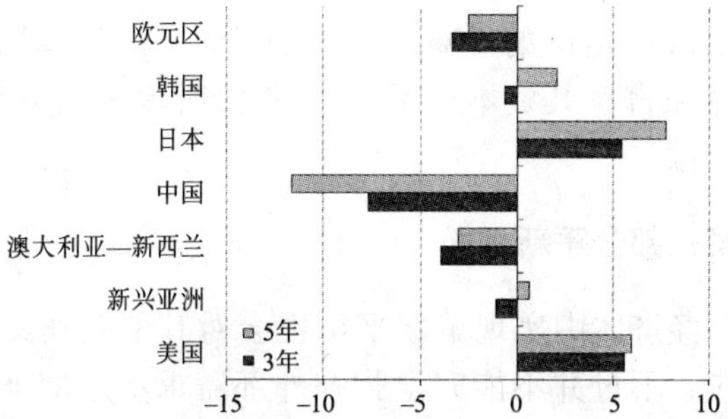

资料来源：IMF 工作人员估算值。

图 1. 22

进口（主要情景预测）

（根据基准数据的偏差，单位：百分比）

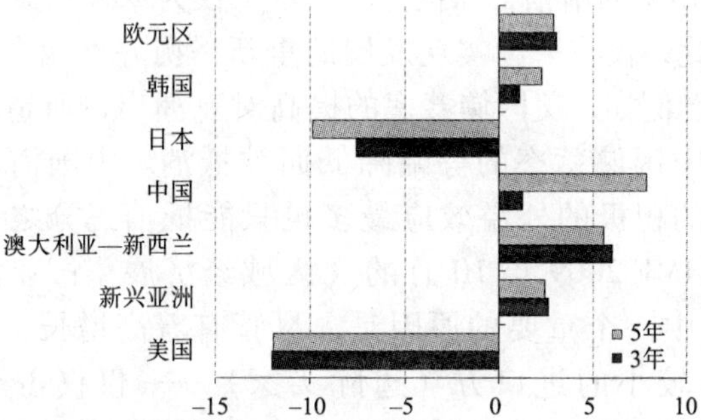

资料来源：IMF 工作人员估算值。

给印度带来的好处也较小。另外，印度与亚洲贸易伙伴之间的关系并不紧密。例如，中日韩三国在印度资本与消费品出口中所占的份额之和也不过 2%—3% 左右，比美国所占份额低了 5 至 10 倍。印度的重新平衡对其他亚洲经济体可能也只会带来很有限的外溢效应。当前印度的增长对国内发展动力的依赖程度已经很大，重新平衡不会令该国的发展动力从外部转向内部，而会令其注重解决在基础设施等方面的结构性瓶颈问题。增强国内市场与国外市场之间的联系将有助于解决印度对服务行业的过分依赖，并通过改善劳动密集型产业与农业的前景来促进总体就业形势。印度只是世界舞台上一个边际买家，进口仅占其资本产品出口的2%，甚至更少。因此，对其他亚洲经济体而言，其资本产品进口增长所带来的外溢效应将十分有限。

其他备选方案：部分重新平衡

仅在一些经济体中实现重新平衡也会对其他亚洲经济体造成积极的外溢效应，不过并不能完全弥补外部需求不足带来的影响。以中国为例，在有关亚洲对于全球需求重新平衡贡献的问题上，中国一直都处于争论的中心。中国虽然存在巨大的经常项目盈余，不过这也反映出至少两个重要因素：第一，按照国际标准，刺激中国低消费率机会非常大（正如本章第3节中说明的那样，“重新平衡对亚洲经济体而言意味着什么?”）；第二，中国经济富有活力，其中一个重要事实是，中国有着非常高的消费品进口增长率——在过去十五年中每年约15%的增幅，而世界平均水平仅为10%。

尽管如此，仅在中国实现发展的重新平衡并不能全面弥补外部需求的匮乏。例如，美国储蓄率的提高对亚洲出口所造成的负面影响不会因为中国储蓄率的等幅降低而被抵消。中国需求增长给这一地区带来的积极的外溢效应最多也只能抵消三分之一的不利冲击（另参见IMF 2009年10月的《区域经济展望：亚洲与太平洋地区》）。其中一个重要的原因是，尽管有着高增长，中国仍然是生活消费品较小的进口方（边际买家）——仅仅占全球进口的3%——而美国仍然主导着全球进口，这点从其与其他国家直接和间接的贸易联系可以看出。另外，这一地区内的国家，特别是目前主要迎合发达经济体需求的国家，还需要调整其生产线以适应中国对最终产品的新需求。①

如果人民币的升值速度比我们在核心情景中所设想的更快，给包括美国在内的贸易伙伴带来的额外积极外溢效应仍十分有限。我们在上面描述的主要情景的基础上增加一个情景分析，即加上提高

① 通过一个基于300多种生活消费品而得的进口相似度指数，中国所进口的生活消费品与其他发达经济体只有大约35%的重合。

后的汇率伸缩率（在浮动汇率之后，人民币在两年间发生 10% 的实际有效的升值），而且不考虑中国与其他国家的改革增速问题。该分析表明，中国经常账户的降幅相对于核心情景而言，将占 GDP 的 75%，而美国的经常账户的增幅则仅为 GDP 的 25%。对于中国和其他地区的最终影响还取决于究竟能多快促进个人消费。汇率升值可以通过提高劳动收入份额来推动个人消费，不过僵硬的结构也会阻碍顺利过渡到更加平衡的经济形势。

结论

亚洲该如何成功实现重新平衡？根据不同的衡量标准和国际比较，我们发现亚洲的发展严重依赖外部需求。这种依赖已经导致了不平衡的生产结构，令非贸易部门的发展相对滞后。就国内需求而言，有许多方法可以让经济发展更具弹性；有些经济体需要提高个人消费，其他经济体则需要增加投资。

在地区内同时实施的一揽子措施，包括对产品和劳动力市场、财政和汇率政策以及金融市场进行的综合改革（在改善金融服务的措施的同时，辅以谨慎的政策以避免过度承担风险），可以成功转变发展模式。如果各经济体中，包括中国，实施孤立的改革方案，那么重新平衡的努力会有助于亚洲的进一步发展，但并不足以弥补发达经济体疲弱的外部需求所造成的亏空。事实上，全球经济衰退已经促使人们重新思考除了周期性的复苏之外的发展战略。例如在新加坡，财政部长所领导的高级别经济战略委员会，已经对长期的、可持续性及包容性经济发展提出了建议。新加坡政府 2010 年预算中已经采纳了其中的一些提议。具体做法包括刺激生产力增长，提升国内工人在经济中的作用。马来西亚政府也启动了“新经济模式”计划。这一雄心勃勃的改革计划，意在通过解决长期存在的结构性的、财政的弊端来重振该国经济。若该计划能够得到切实实施，马来西亚的改革方案可以在十年内令人均收入翻一番。

（阿迪尔·默罕默德　帕帕·恩迪亚耶　奥拉夫·恩特罗博拉斯特尔）

技术附录

亚洲投入产出表（AIO）

更新2000年AIO表与数据来源

我们采用Pula和Peltonen（2009）的数据更新步骤。AIO表分为三块：中间需求（A），最终需求（F），出口（L），请见下图。

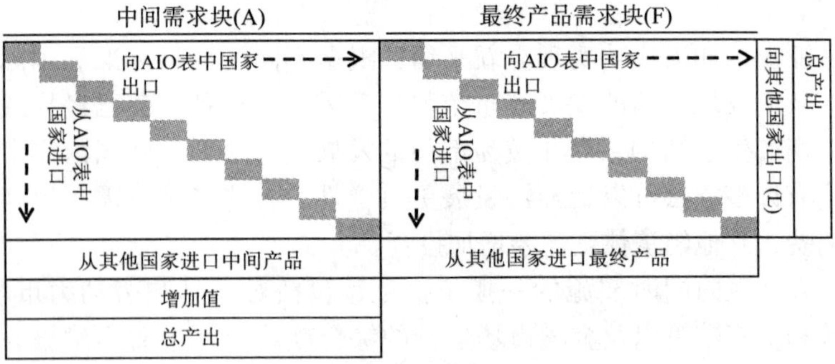

三块中各个要素更新如下：

中间需求块（A）

- 增加值（V^{j}_{t+1}）：增加值的增长率是根据每个国家的国民核算数据计算得到的（数据来自CEIC数据有限公司）。
- 总产出（X^{j}_{t+1}）：由于AIO表中各国（除美国以外）的总产出数据只有2000年的数据，我们采用每个国家制造部门的产出占附加值的比率来代替GDP数据中总产出的估算值。制造附加值来自国家核算数据，而制造业产出的数据则基于行业生产数据（两者均来自CEIC数据库）。
- 进口输入（$A^{i,j}_{t+1}$）：对于进口中间产品输入，我们使用了两个数据源。我们使用有关进口的国家核算数据来估算进口总额的增长率，其中包括产品及服务进口。为了反映贸易方面的变化，我们还针对中间产品使用了COMTRADE数据。由于COMTRADE只包括商品贸易，我们假定产品和服务的进口在方向和类型上的变化都是相似的。我们用 i 和 j 分别代表来源国家与需求国家。于是有公式1-1：

$$\text{int}M_{t+1}^{*ij}/\text{int}M_{t}^{*ij}=(M_{t+1}^{NA}/M_{t}^{NA})*\frac{(\text{int}M_{t+1}^{COMij}/\text{int}M_{i}^{COMij})}{(M_{t+1}^{COM}/M_{t}^{COM})},\qquad 1-1$$

在公式中 int 代表中间产品，M 代表进口，NA 和 COM 分别代表国家核算和 COMTRADE。2000 年的数据还增加了进口总额的增长率，根据双边中间产品进口占国家 j 的总产品进口中的份额的变化进行了加权。

- 运费、保险与进口关税（BA_{t+1}^{j}，DA_{t+1}^{j}）：假设这些项目在进口总额中所占份额保持不变，我们设定增长率等于国民核算中的进口总额增长率。
- 国内中间产品输入（A_{t+1}^{jj}）：我们将其估算为残值，等于进口总额减去进口总输入额，也就是公式 1－2：

$$A_{t+1}^{jj}=X_{t+1}^{j}-V_{t+1}^{j}-BA_{t+1}^{j}-DA_{t+1}^{j}-\sum_{i=1}^{n}A_{t+1}^{ij}\qquad 1-2$$

最终需求块（F）

这一块的更新步骤与上面所描述的步骤相似。我们将最终需求分别更新为消费与投资需求，具体如下：

- 消费与投资（C_{t+1}^{ij}，I_{t+1}^{ij}）：我们使用国民核算数据来更新这些数据。消费是个人与政府消费开支的综合，而投资被定义为固定投资和库存的总和。
- 最终产品与投资产品的进口（$cF_{t=1}^{ij}$，$iF_{t=1}^{ij}$）：增长率按公式 1－3 和 1－4 计算：

$$cM_{t+1}^{*ij}/cM_{t}^{*ij}=(M_{t+1}^{NA}/M_{t}^{NA})*\frac{(cM_{t+1}^{COMij}/cM_{i}^{COMij})}{(M_{t+1}^{COM}/M_{t}^{COM})},\qquad 1-3$$

和

$$capM_{t+1}^{*ij}/capM_{t}^{*ij}=(M_{t+1}^{NA}/M_{t}^{NA})*\frac{(capM_{t+1}^{COMij}/capM_{i}^{COMij})}{(M_{t+1}^{COM}/M_{t}^{COM})}\qquad 1-4$$

这里 c 代表消费，cap 代表资本产品

- 运费、保险与进口关税（cBF_{t+1}^{j}，iBF_{t+1}^{j}，cDA_{t+1}^{j}，iDA_{t+1}^{j}）：采用与上述中间产品块相同的计算步骤。
- 国内生产的最终产品（cF_{t+1}^{jj}，iF_{t+1}^{jj}）：这是残值，根据每一种类的商品，按照最终消费总额减去最终产品进口总和

来估算。

出口块（L）

对香港特别行政区、欧盟15国以及世界其他地方（RoW）的出口（L_{t+1}^{iH}，L_{t+1}^{iO}，L_{t+1}^{iW}）采用类似的方法计算，同时还使用国民核算与COMTRADE数据。具体计算如公式1－5：

$$EX_{t+1}^{*ij}/EX_{t}^{*ij}=(EX_{t+1}^{NA}/EX_{t}^{NA})*\frac{(EX_{t+1}^{COMij}/EX_{t}^{COMij})}{(EX_{t+1}^{COM}/EX_{t}^{COM})}, \qquad 1-5$$

在这里 $j=H$、O、W。

追踪来自国内、国际和地区外需求的增加值

我们的做法需要计算列昂杰夫逆矩阵，具体操作如下。就供应面而言，基本的投入－产出方程可以被写作 $AX+Y=X$，这里 A 是投入系数矩阵（$a_{ij}=\frac{A^{ij}}{X^{j}}$），$I$ 是总产出矢量，而 Y 是最终需求矩阵。将该公式重新整理可得 $X=(I-A)^{-1}Y=BY$，这里 B 就是列昂杰夫逆矩阵。B的每一个要素 bij 都体现了在国家 j 每一个单位的最终需求所要求的在国家 i 的相应产出单位。

对于任何最终需求矢量（或矩阵）f^{j}，f^{j}对于总产出的影响就是 $IF_{X}^{j}=Bf^{j}$。

对于增加值的影响是 $IF_{V}^{j}=\hat{v}*Bf^{j}$，这里 $\hat{v}$ 就是对角矩阵，其中包含有每个国家增加值占总产出的比率。

国家 j 的最终需求对国家 i 的增加值的贡献率表示为 $CR^{ij}=100*(IF_{V}^{ij}/\sum_{j=1}^{J}IF_{V}^{ij})$，这里 J 是最终需求矢量的数量。

香港特别行政区的转口贸易调整

在香港特别行政区的出口额中，再出口占据了很高的比例（97%）。如果忽视了这一情况，就会高估香港特别行政区的最终需求对AIO中各国增加值所做的贡献。为了对这一情况进行调整，我们采用以下公式，将一部分未作调整的香港特别行政区的出口对增加值的贡献转移给其他的国家和地区，如公式1－6：

$$CR_{t,HK}^{ij}=CR_{t}^{ij}+\mu_{t}^{Hi}*\lambda_{t}^{H}*CR_{t}^{iH}, \qquad 1-6$$

这里 $CR_{t,HK}^{ij}$是国家 j 的出口额对于国家 i 的增加值调整后的贡献率，CR_{t}^{ij} 是未作调整的比率，μ是香港特别行政区对国家 i 的出口额占香港出口的比率，λ是在年度 t 内香港的再出口占香港出口额的比率，CR_{t}^{iH} 是未作调整的香港的贡献率。

稳定状态投资

我们采用 IMF 在 2005 年 9 月的《世界经济展望》中，图 2.4（“新兴亚洲经济体的投资是否过低?”）所设立的方法。

在新古典增长模式中，根据稳定状态的资本－产出比率（k^*）、贬值率（d）以及潜在经济增长率（g），稳定状态的投资水平（i^*）可表示为 $i^*=k^*(g+d)/(1+g)$。

我们采用标准永续盘存法来计算资本存量。1950—1980 年期间的总固定实际投资的数据来自佩恩表和 IMF 在 1980 年之后出版的《世界经济展望》。

对于给定的折旧率，k^* 就是 1950 和 2008 年期间较长时期内（15 和 20 年）资本产出率平均水平的最大值。这一发现有助于确保数据的准确性，特别是在像亚洲金融危机那样暴涨暴跌、动荡不定的时期。

这里所报告的结果是两种模型的平均结果，一种模型采用 5% 的折旧率，另一种模型采用 7%。

潜在经济增长率与 IMF 的《世界经济展望》的中期预算结果一致。

稳定状态的消费

稳定状态的消费水平是基于稳定状态投资（参见上文）和各国的储蓄－投资余额正常值的结果得到的，我们采用了针对开放经济体的国民核算恒等式：$Y^*-(S-I)^*-I^*=C^*$，这里 Y 代表收入，S 代表储蓄，I 代表投资，C 代表消费。

储蓄－投资余额正常值（$S-I$）是基于工作人员的估算，采用的是 IMF 的汇率咨询小组（CGER）所使用的宏观经济平衡方法。这是基于固定样本回归估算值所作出的经常账户结构性余额，反映了各国的具体特点，例如发展水平和人口统计学上的特点，是对经常账户余额周期性变化的提炼。

参考文献

伯南克：“全球储蓄过量和美国经常账户赤字”，美联储主席本·伯南克在桑德里奇演讲的发言，弗吉尼亚经济学协会，2005 年 3 月 10 日。

O. 布兰查德、F. 吉亚瓦兹：“中国发展的再平衡：三手抓的方法”，经济政策研究中心讨论文件第5403号（伦敦：经济政策研究中心），2005年。
O. 布兰查德、米莱斯·费瑞提：“全球的不平衡：时值中游?”，IMF工作人员意见书第09/29号（华盛顿：国际货币基金组织），2009年。
马科斯·夏蒙、埃斯瓦尔·普拉萨德：“中国城镇居民储蓄率为何日益升高”，《美国经济学杂志：宏观经济学》，第2卷，第1期，第93—130页。
P. 康威、D. 迪·罗萨、G. 尼科利迪、F. 斯坦利：“调控、竞争和生产力的汇总”，经合组织经济学部门工作文件第509号（巴黎：经济合作与发展组织），2006年。
崔厉、M. 赛德：“变化中的中国贸易与生产结构”，IMF工作文件第07/214号（华盛顿：国际货币基金组织），2007年。
B. 艾琴格林：“盲人与象”，《经济政策问题》（华盛顿：布鲁金斯学会），2006年1月刊。
R. 吉马良斯、奥拉夫·恩特罗博拉斯特尔：“什么因素推动着马来西亚的私人投资？总体趋势与公司层面证据”，IMF工作文件06/190号（华盛顿：国际货币基金组织），2006年。
郭凯、P. 恩迪亚耶：“中国的出口型增长可以持久吗?”IMF工作文件09/172号（华盛顿：国际货币基金组织），2009年。
郭凯、P. 恩迪亚耶：“中国的就业对发展再平衡的影响”，IMF工作文件09/169号（华盛顿：国际货币基金组织），2009年。
郭凯、P. 恩迪亚耶：“中国的个人消费的决定因素：基于国际角度的分析”，IMF工作文件10/93号（华盛顿：国际货币基金组织），2009年。
霍里M.：“新兴亚洲的贸易演变”，《区域经济展望：亚洲和太平洋地区》（华盛顿：国际货币基金组织），2007年10月刊。
霍里M.：“金融危机中的投资恢复：从跨国经验中得到的观点”（未发表：华盛顿：国际货币基金组织），2008年。
《国际国别风险指南》，若干辑。网址：http：//www. prsgroup. com/icrg. aspx
S. 卡拉、A. 默罕默德、P. 恩迪亚耶、奥拉夫·恩特罗博拉斯特尔：“需求的全球变化：弥补美国的疲弱消费”，《区域经济展望：亚洲与太平洋地区》（华盛顿：国际货币基金组织），2007年10月刊。
路易斯·库吉斯：“中国的投资和储蓄”，政策研究工作文件3633号，（华盛顿：世界银行），2005年。
P. 恩迪亚耶、张平、张文兰：“东亚与太平洋地区的结构改革、区域内贸易和中期发展前景——一个新的多区域模型视角”，香港金融管理局工作文件第0817号（香港：香港金融管理局），2008年。
G. 尼科利迪、S. 斯卡皮特：“规约、生产力与发展：来自经合组织的证据”，《经济政策》，2003年第18卷第36期，第9—72页。
罗伯特·帕拉西奥斯、J·帕拉瑞斯-米拉里斯：“养老保障的国际化模式”，世行社会保护讨论文件，0009号（华盛顿：世界银行），2000年。

E. 普拉萨德："亚洲发展的再平衡"，国家经济研究局工作文件第 15169 号（麻省剑桥：国家经济研究局），2009 年。

G. 普拉和 T. 佩尔托宁："新兴亚洲的影响减弱了吗？采用亚洲国际投入产出表分析生产与贸易的联系"，欧洲央行工作文件第 993 号（一月刊），2009 年，网址：www. ecb. europa. eu.

魏尚进、张小波："竞争性储蓄动机：中国的性别比例增长与储蓄率增长带来的证据"，国家经济研究局工作文件第 15093 号（马萨诸塞州剑桥：国家经济研究局），2009 年。

第二章

公司储蓄与亚洲的重新平衡

引言

近年来，亚洲大部分地区的公司将越来越多的国民收入用来储蓄。我们不仅可以在亚洲的强势群体，如日本、韩国、中国和印度看到这一现象，在东盟地区和亚洲的新兴工业化经济体中也有这种情况（图2.1）。巨额利润与日益增长的公司储蓄在近十年间呈现出全球化的趋势（IMF，2006a），但是亚洲公司储蓄的增幅已经超过了世界其他地区（图2.2）。因此，公司储蓄已不仅仅在该地区GDP中占比增长，而且成为全球储蓄增长的一个方面（图2.3）。

图2.1

2000年后的储蓄变化

（占GDP的百分比）

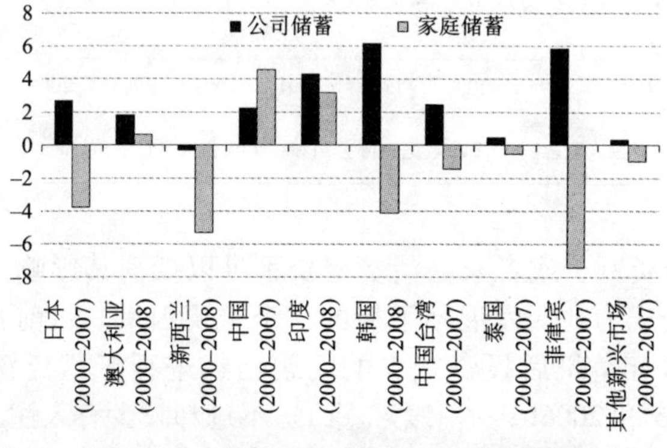

资料来源：联合国、CEIC数据有限公司和IMF工作人员计算值。

图 2.2

公司储蓄平均值的差异，2000 年前后对比（占 GDP 的百分比；回归系数和置信区间）

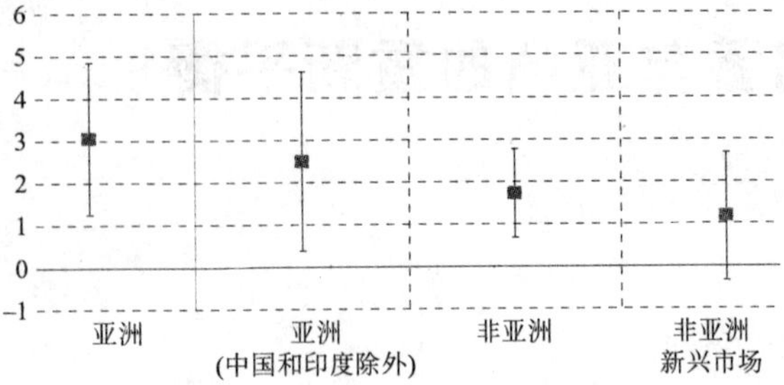

资料来源：IMF 工作人员估算值。

图 2.3

新兴亚洲的公司储蓄，1993—2007 年

（占世界储蓄的份额，单位：百分比）

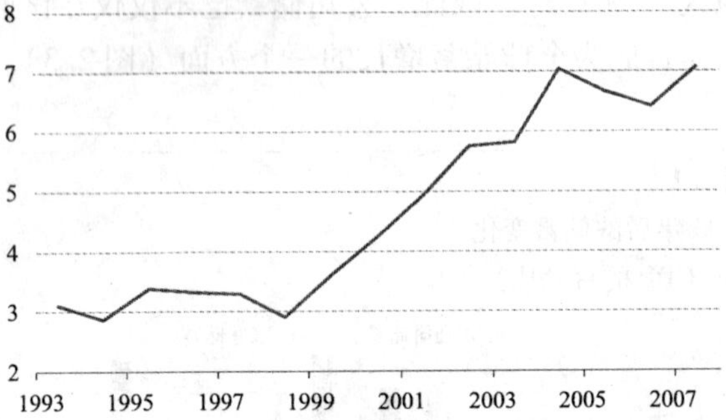

资料来源：联合国、CEIC 数据有限公司和 IMF 工作人员计算值。

如果投资减少或者家庭消费增长不足以抵消其影响，那么公司高储蓄就会成为地区发展不平衡的一个重要因素。目前，针对亚洲 1997—1998 年危机后投资减少的问题已经进行了广泛深入的研究（IMF，2005 和 2006b；本书第三章）。不过却较少有人注意亚洲家庭是否提高消费来应对公司储蓄的增长。本章将对这些相互关联的课题展开探讨，其中有两个特别值得关注的问题直接关系到有关重新平衡的争论：

- 亚洲家庭在何种程度上抵消公司储蓄行为，亚洲和其他地区之间针对公司储蓄的反应存在怎样的差异；
- 体制和政策因素对公司储蓄的影响。

本章的结构如下：下一小节的分析意在说明，与其他地区不同，在过去的三十年间，亚洲较高的公司储蓄并未被家庭消费的增长所抵消。因此，公司储蓄对国民储蓄一直有着很大的影响。从而，在一定的投资水平内，公司储蓄的降低会减少区域不平衡，并刺激消费。在接下来的一小节里，我们发现公司储蓄会受到公司治理与金融市场发展程度的影响，而这些影响在亚洲显得尤其强烈。在最后一小节中，我们将探讨上述研究结果的政策意义。进一步加强公司治理和开展金融改革将有助于解决高公司储蓄背后的结构性动机问题。例如，如果亚洲在金融发展与公司治理方面可以达到七大工业国（G7）的平均水平，那么公司储蓄的下降幅度可以达到 GDP 的 7%。最后一节将进行简短的总结。

公司的高储蓄是否会影响家庭行为?

经济理论表明，在没有税制扭曲的情况下，假定家庭可以很容易的进入运行良好的金融市场，且公司均为私人拥有，那么国民储蓄的水平相对而言应该与公司储蓄无关。若家庭可以最终拥有公司，那不论是直接持有储蓄或者通过他们所拥有的公司储蓄来间接持有储蓄，对他们来说影响都不大。如果公司储蓄增加，家庭应该减少自己的储蓄来抵消影响。

事实上，由于某种原因，家庭储蓄也可能不会随着公司储蓄的增长而相应降低。例如，如果家庭没有意识到自己的财富因为公司高储蓄而有所增长，同时，又为了向低回报率的项目补充资金而保留红利，那么就不会相应地调整他们的消费和储蓄。此外，如果企业是国营的，要向国家分红，而这些收入的分配也未给家庭带来直接的收益，那么家庭的储蓄行为也就不太可能抵消企业决定带来的影响。因此，在家庭储蓄对公司储蓄效应抵消的问题上，关键在于是否存在着一个积极的企业所有权文化和对经理人的强有力的市场约束力，只有这样才能确保他们与股东的动机保持一致。

本节通过对一系列新兴市场中企业与家庭行为的研究，采用伯特巴（1987）的方法，评估了家庭是如何应对公司储蓄变化的。我

图 2.4

私人储蓄和公司储蓄，1979—2007 年

（占 GDP 的百分比）

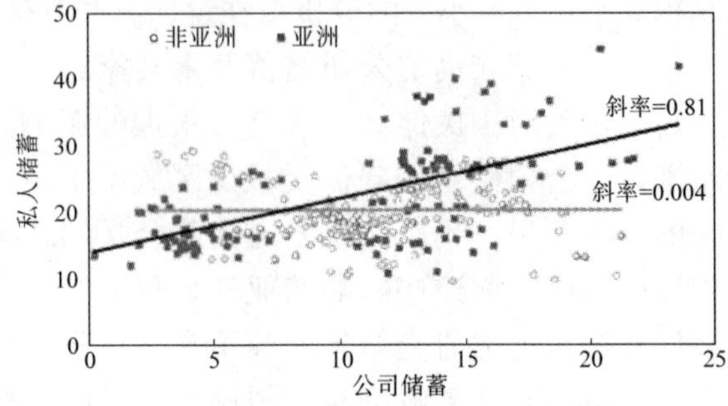

资料来源：联合国、CEIC 数据有限公司和 IMF 工作人员计算值。

图 2.5

家庭储蓄和公司储蓄，1979—2007 年

（占 GDP 的百分比）

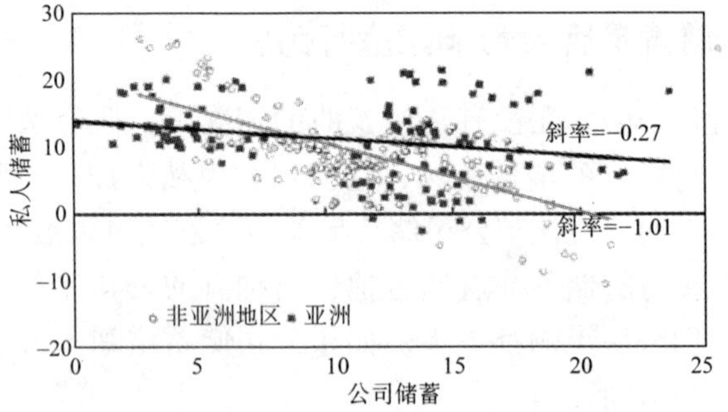

资料来源：联合国、CEIC 数据有限公司和 IMF 工作人员计算值。

们选取 1979—2007 年间的一组新兴市场经济体，对公司储蓄水平变化对私人储蓄（也就是家庭和企业）产生的影响进行了研究。如果家庭对于分红时间和未分配利润水平抱着无所谓的态度，那么在回归分析中公司储蓄这一因素就应该不具备解释力。

我们在研究中还控制了诸多的因素（参见附录 1），包括年龄抚养比率（以便了解不同生命周期的储蓄动机）、经济波动水平（以便掌握预防性动机）、实际利率（以便掌握储蓄的金融动因）、可支配收入的水平以及滞后的私人储蓄（以代替累计财富）。研究结果表明，就新兴市场总体而言，私人储蓄并不会受到公司储蓄水平的显著影响（图 2.4 和图 2.5）。公司储蓄的变化几乎被家庭储蓄的变化

图 2.6

家庭所抵消的公司储蓄，1979—2007 年

（占公司储蓄的百分比）

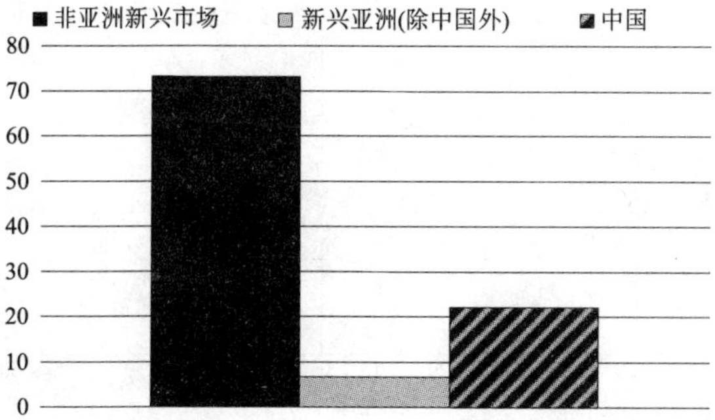

资料来源：IMF 工作人员估算值。

全部抵消。不过，这一结果对全部亚洲经济体而言并不适用。

事实上，亚洲的家庭仅仅抵消了公司储蓄大约 20% 的涨幅。换言之，亚洲企业的储蓄每增加 100 美元，亚洲家庭的储蓄仅仅减少了 20 美元（图 2.6）。此外，这些情况并非仅仅在中国如此。即使我们把中国从样本中剔除，结果依然表明，公司储蓄增长中也仅有 7% 能够由降低家庭储蓄所抵消。此外，无论是改变样本期限，还是采用其他私人储蓄衡量方法，上述结果都同样适用（参见附录 1 中详细的结果）。

另外还有一种研究家庭与企业储蓄相互关系的方法，即集中研究分红收入是否会影响到个人消费（奥尔巴赫和哈塞特，1991）。如果家庭可以在金融市场中变现资产或以财富作为抵押进行借贷，那他们的消费决策应与分红收入的流动无关。换句话说，在没有流动性约束的情况下，公司有关保留未分配利润或用以分红的决策不会对个人消费造成影响。在实证数据中分红收入中的边际消费倾向（MPC）应为零。

边际消费倾向的估计值表明，财产性收入（包括利率、租金和分红）确实会影响家庭消费与储蓄的决定（图 2.7 和图 2.8）。特别值得注意的是，尽管流动性约束看起来具有相同的约束力，新兴亚洲经济体的有关财产性收入的 MPC 明显高于其他地区。亚洲家庭每获得 100 美元的财产性收入，他们的家庭消费要多出大约 7 美元（非亚洲新兴市场中仅为 1 美元）。

图 2.7

家庭：消费与可支配财产性收入，1979—2007 年

（百分比变化）

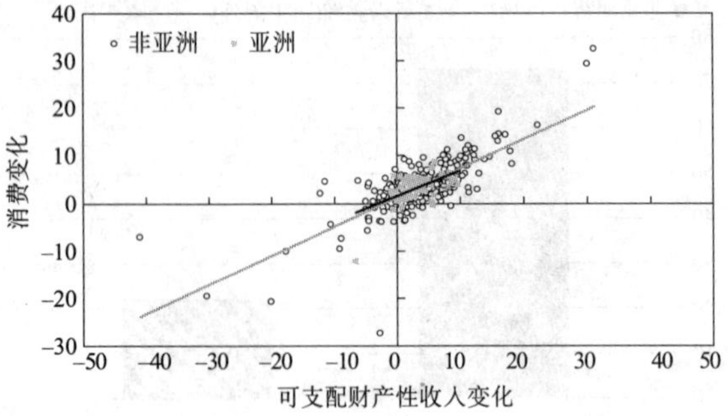

资料来源：联合国、CEIC 数据有限公司和 IMF 工作人员计算值。

图 2.8

边际消费倾向，1979—2007 年

（占实际可支配收入的份额）

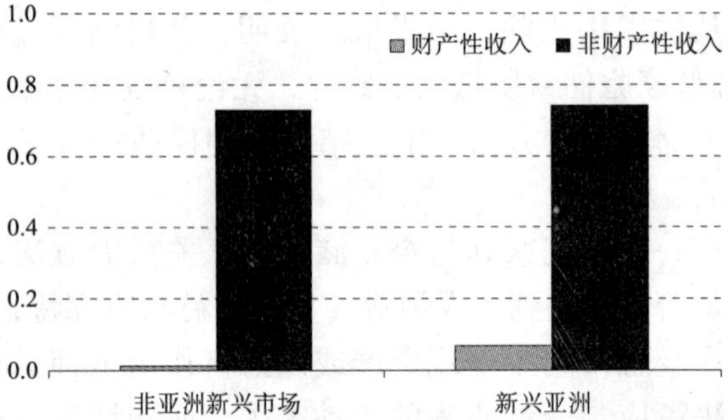

资料来源：IMF 工作人员估算值。

总而言之，在消费决策方面，亚洲家庭似乎并没有抵消企业的行为。因此，亚洲较高的公司储蓄对于国民储蓄而言是一个重要因素，同时在决定目前亚洲经常账户失衡的水平上也扮演着明确的角色。

什么影响了亚洲的公司储蓄?

本节将综合国家层面和个体公司层面进行回归分析,[①] 探究亚洲公司储蓄的深层结构与政策因素的影响。

在综合层面，近年来亚洲的公司储蓄不断增长，其原因在于在危机发生前几年，亚洲国家更加开放的贸易、更廉价的信贷以及相对强劲的经济发展所带来的效率提升（参见附录2)。在这些因素中，就经济量而言，最为重要的是该地区不断提高的贸易开放程度。与20世纪90年代相比，2000—2008年期间的贸易开放程度（按GDP中进出口总和所占比例计算）有了很大的增长。回归估算值表明，在这一时期，贸易开放的增长占公司储蓄增长的将近五分之一。

扩大开放也意味着公司的产出更加符合自身的比较优势，以更低廉的成本从贸易伙伴进口设备与投入品，而不是在国内进行低效率的采购。此外，降低贸易壁垒会降低寻租的动力，这也有利于将资源重新配置到有更多产出的用途上。最后，取消贸易限制也可以成为总体结构改革的一部分（包括缩减许可证政策，如在印度)，从而刺激利润率和储蓄。

与此同时，扩大开放也可能令公司在面对外部波动时更加脆弱。在没有充分避险工具的情况下，公司可以会建立一个缓冲储备储蓄来防护和应对可能的波动。为了评估开放度是否会导致更高的储蓄，例如利润率增长带来的残值或应对外部波动而设定的预先缓冲，我们在回归分析中引入了另一个控制变量，即贸易条件波动。回归分析表明，贸易条件波动并未影响公司储蓄，同时这一波动因素也不会影响到开放度与公司储蓄之间的关系（详细结果请参见附录2)。在一个更为开放的经济体内，决定公司储蓄与贸易开放度之间关系的是更高的效率，而不是更大的不确定性，这与我们的研究发现完全一致。

亚洲地区的结构因素提高了效率，也促进公司储蓄的增长。同时，在亚洲金融危机之后，该地区的公司治理也已发生了显著的变化，进而影响了公司储蓄的累积。为了验证公司储蓄和管理之间的

---

① 有关亚洲的公司储蓄增长的国别案例研究，请参见波特（2009）和亚洲开发银行(2009)。这些研究将高企业储蓄水平和能源与土地补贴、资本市场的限制（特别是对中小型企业）以及较低的派息率联系起来分析。

图 2.9

公司治理质量，2008 年

（指数）

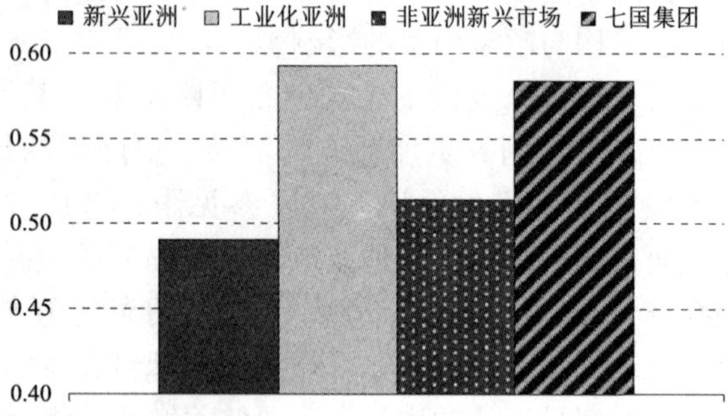

资料来源：德·尼可罗、拉埃文和乌达（2006）。

关系，我们使用了一个数据组（在德·尼可罗、拉埃文和乌达（2006）的文章中有所介绍）来考察盈余透明度、股价联动效应以及在特定国家内所制定的会计规程的数量（图 2.9）。

公司治理改革对公司储蓄的总体影响并不显著。公司治理上的改善，特别是透明度方面的改善，将会增加公司获取外部资金的途径，并降低公司对内部基金的依赖程度。同时，公司也会在很大程度上受到股东需求的影响，并最终支付较高的分红。不过公司治理改革也可能意味着公司不能再依赖那些团体内秘而不宣的交叉补贴，反而得更多地依靠公司储蓄。因此，公司治理改革对公司储蓄的净效应仍是一个有待实证研究的问题。

实证分析表明，在综合层面上，公司治理改革也伴随着其他结构的变动，这其中也包括进一步开放贸易。为了孤立研究公司治理的影响，同时考察是否存在亚洲地区的特定因素，我们对各个地区和不同时期的情况进行比较。结果表明，公司治理改革确实对该地区公司储蓄的上升趋势产生了抵消效应（附录表 2A.6）。也就是说，亚洲金融危机后，改善公司治理减缓了公司储蓄的增长势头。

与上述情况类似，在个体公司的层面上，公司运营透明度的提高也削弱了公司增加储蓄的动机（图 2.10）。为了证实这一点，我们采用了世界银行《经商环境报告》的数据库，以及有关股东保护的衡量指标。这些指标反映了对小股东的保护力度。数据分析最终证实了我们的发现，也就是说，公司通过增进股东权益改善公司治

图 2.10

公司治理改革对公司储蓄的影响

（回归分析系数）

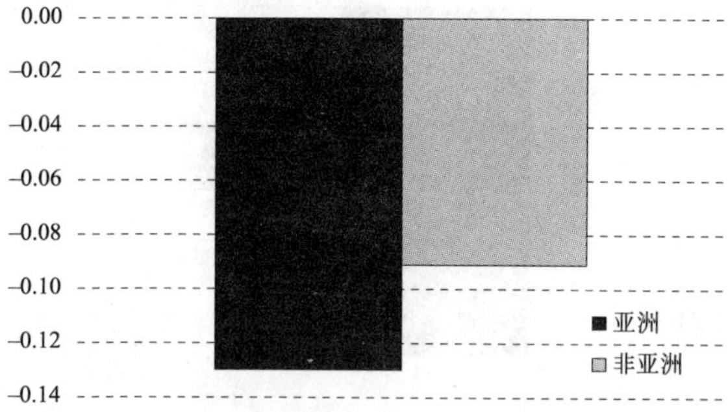

资料来源：IMF 工作人员估算值。

图 2.11

金融改革，2005 年

（指数）

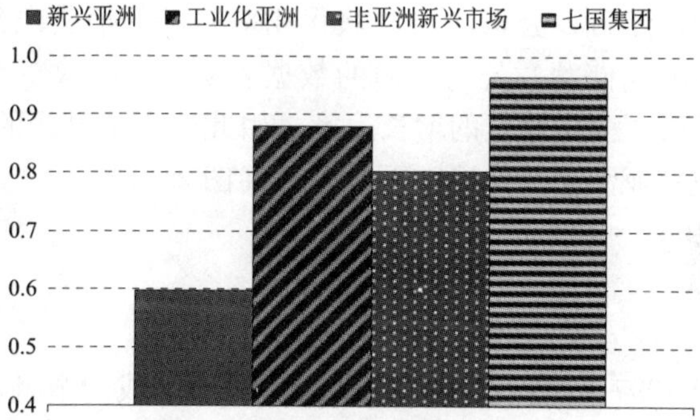

资料来源：阿比阿德、德特拉贾凯和特雷塞尔（2008）。

理，可以更好地协调股东与经理人间的激励机制，也可以影响公司的储蓄倾向。基于单一公司层面的数据分析有助于我们对公司储蓄的根本动因进行更好的控制，其中包括利润率、托宾的 Q 比率、无形资产所占份额、公司规模、销售变动、负债产权比率以及资本支出。此外，我们还采用了阿比阿德、德特拉贾凯和特雷塞尔（2008）所编制的指数，该指数综合了金融发展的多个维度，如银行业务监管、私有化程度、市场进入壁垒、定向信贷水平、信贷上限、利率控制以及证券市场改革（图 2.11）。

图 2.12

2000 年后金融自由化对公司储蓄的影响

（回归分析系数）

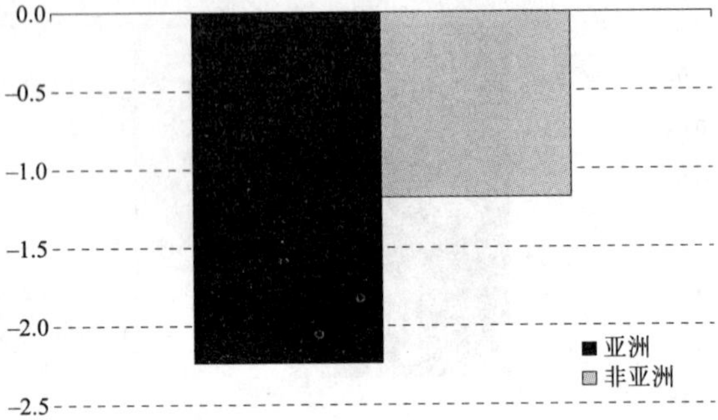

来源：IMF 工作人员估算值。

在改善公司治理方面，金融改革后的公司储蓄可能增加也可能减少。在自由化的金融市场中，这可能意味着公司更容易获得金融资源，因此也不需要那么多储蓄。但这也可能意味着切断了公司与银行间的密切纽带，公司无法再获得相对自动的信贷限额，那么就可能倾向于增加储蓄。公司层面的数据表明，金融改革在各个新兴市场中都延缓了公司储蓄的增长速度，由此产生了显著的下滑效应，而这一效应在亚洲比其他地区更为显著（图 2.12）。

政策意义

经历过 1997—1998 年的金融危机，亚洲已成为金融市场与公司治理改革的沃土。在前一小节中我们采用的各个公司治理衡量数据与金融改革指标都有了显著的提高（图 2.13 和图 2.14）。随着该地区内的金融体制日益市场化，公司也有了更多的投资融资选择（包括发行股份、公司债券和海外融资）。这一变化限制了公司继续存留收益的意愿，因为他们可以获得更多的市场融资来确保高回报率项目的实施。这样的后果就是公司不再需要过多地依赖自我融资。同样，在过去十年中，加强公司治理也提高了各公司的自律性，降低了他们聚敛现金的倾向。这一进步明显缓解了亚洲公司储蓄的增长势头。

图 2.13

亚洲危机后的金融改革

（指数）

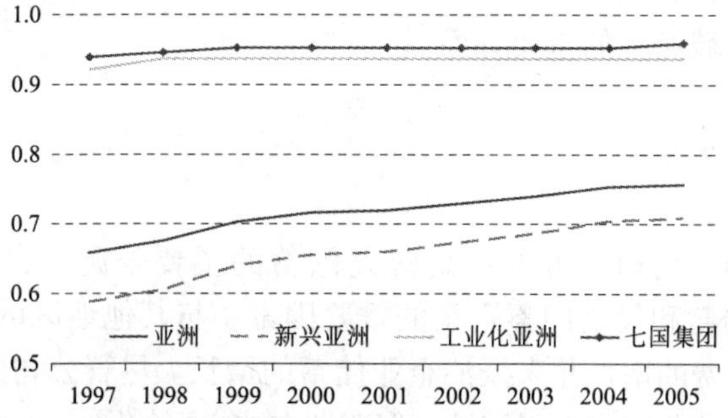

资料来源：阿比阿德、德特拉贾凯和特雷塞尔（2008）。

图 2.14

亚洲对投资者的保护，2005—2009 年

（指数）

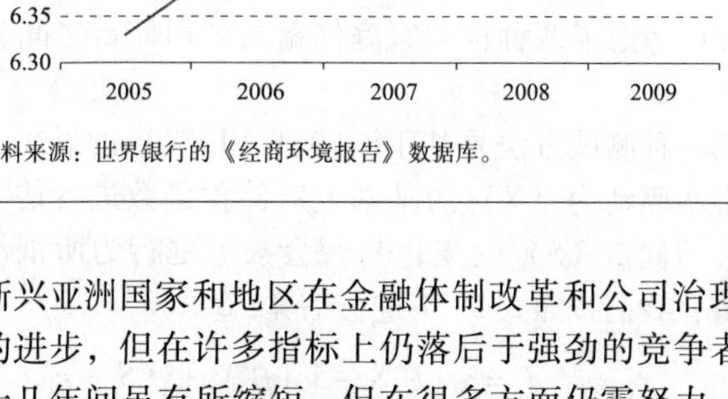

资料来源：世界银行的《经商环境报告》数据库。

尽管新兴亚洲国家和地区在金融体制改革和公司治理方面取得了实质性的进步，但在许多指标上仍落后于强劲的竞争者。这一差距在过去十几年间虽有所缩短，但在很多方面仍需努力。这些国家应进一步加强公司治理和金融改革，这样不仅能够改善资本配置，提高生产率，还会对公司储蓄产生显著影响。鉴于过去十年间亚洲大多数国家的投资水平始终不太理想，这些改革还将有助于减少整个地区的经常账户盈余。例如，如果亚洲在金融自由化方面可以达

到发达经济体的平均水平，就可以将公司储蓄减少到 GDP 的 5%。同样，改善公司治理若能令亚洲达到大多数发达经济体的平均水平，那公司储蓄的降幅也可以达到 GDP 的 2.4%。总体而言，这些结果都表明，公司激励机制和金融市场体系的改革在未来几年间会成为重新平衡区域经济的重要方面。

结论

在亚洲，公司储蓄不仅是国民储蓄的主要来源，在长期看来，也是加剧储蓄和投资间不平衡的重要因素。与其他地区的情况不同，亚洲家庭消费的增长并未抵消企业储蓄的增长。尽管公司的高盈利与高储蓄在全球范围内都很常见，但亚洲在这方面的增长水平尤其突出，而该地区的投资水平却始终不景气。如果亚洲的金融市场发展与企业管理在过去十年间没有取得如此显著的进步，那亚洲储蓄的增幅会更大。若能进一步深化这些改革措施，会有助降低企业储蓄以及消费的增长，也就有助于重新恢复地区平衡。亚洲财产性收入的边际消费倾向比其他地区要高，改革所带来的财产性收入增长有可能在更大程度上刺激个人消费，因此也将有利于经济的重新平衡。

（索纳里·亚恩－钱德拉　马尔哈·纳巴　内森·波特）

附录 1. 公司与家庭储蓄

本研究中考虑了两种检验家庭储蓄与公司储蓄之间交互作用的方法：

- 第一种测试方法是基于波特巴（1987）的思想，在储蓄的根本驱动力（X）的基础上对储蓄函数进行估算，以检验公司储蓄（S）的变化是否会被家庭行为所抵消。具体而言，我们按照式 2－1 进行估算：

$$S_t = \alpha + \beta^w S_t - 1 + \beta' X_t + \chi CS_t + \varepsilon_t , \qquad 2-1$$

在公式中，我们用延迟储蓄来代替财富。私人储蓄（S）通常都会受到生命周期因素（如老龄化）和预防性动机的影响。为此，我们采用了年龄抚养比、家庭可支配收入、（实质）实际利率以及总体变动的一个指标作为基本因素；其中也包括可支配收入。当然，由于家庭持股所造成的影响有限（90%以上都是新兴市场内的国内持有），在国内市场以外持有股权也可能造成家庭储蓄与公司储蓄之间关系的偏差，不过并不会造成很大的问题。为确保研究结果的准确性，我们采用了个人储蓄和家庭储蓄两种衡量方式来考察它们之间的关系。如果揭开公司的面纱，那么在估算个人储蓄方程时，χ 的值就不会显著地偏离 0，而在估算家庭储蓄关系时，χ 的值就不会显著地偏离 -1。在对这一关系进行估算时，我们采用了广义矩法（GMM），即以二次滞后储蓄（联合国用以对家庭金融资产进行衡量的方法）以及基本因素滞后值作为工具，应对可能的内生性问题。

- 第二种测试方法是由奥尔巴赫和哈塞特（1991）提出的。基本思路是看消费是否会偏离均衡消费者理论的预测，尤其是在我们对受到流动性约束的消费者进行控制的情况下（通过控制当前可支配收入实现）。具体而言，该方法对现实消费增长、利率以及当前可支配财产性收入与非财产性收入之间的关系都做出了估算。消费与当前非财产性收入之间的偏差反映了家庭所面对的流动性约束的程度。不过，如果消费决策在很大程度上取决于红利收入，而由于获得分红（或其他财产性收入）的个人可能没有信用约束，那么这些家庭从保留收入（公司储蓄）中能够实现的财富就不如从分配收入（如分红）中得到的多。换言之，这些家庭并没有将红利支付的预期部分用于储蓄（将这部分用以增加自己的财富，提高终身消费），而是将其中一大部分用于当下消费。上述估算可以表达为式 2-2：

$$\Delta c_{t+1} = \sigma \ln(\beta) + \sigma r_{t+1} + \gamma^{Y} Y_{t+1}^{NPID} + \gamma^{PI} Y_{t+1}^{PID} + \eta_{t+1}, \quad 2-2$$

在公式中，Y^{NPDI} 是非财产性可支配收入，而 Y^{PID} 是可支配的财产性收入。如果消费者受到信用约束，那么 $\gamma^{Y}>0$，且如果 $\gamma^{PI}>0$，那么家庭的储蓄行为就不太可能抵消公司储蓄行为。在对此方程进行估算中，我们采用了广义矩法（GMM），并以两次及三次滞后消费增长、实际利率以及收入变量为工具。

实证结果

表 2A.1 表明了私人储蓄（采用联合国数据所得的公司储蓄与家

表 2A. 1

个人储蓄与公司储蓄 （回归分析结果）			
常量	-2.83	-9.54	-8.89
个人储蓄/GDP	0.44 **	0.47 ***	0.48 ***
年龄抚养比率	-0.19	-0.09	-0.09
家庭可支配收入/GDP	0.31	0.34	0.33 *
实际利率	-0.03	-0.05	-0.05
变动[a]	-19.80	-41.25	-41.72
公司储蓄/GDP			
总体	0.39		
非亚洲		0.28	0.27
亚洲		0.81 ***	
亚洲（除中国外）			0.93 +
中国			0.78 ***
R 方	0.95	0.95	0.95
R 方调整值	0.95	0.94	0.94

资料来源：IMF 工作人员估算值。

说明：***，**和*分别表示 1%、5% 和 10% 的显著性。+ 表示 10.6% 的显著性。

a Hodrick - Prescoot 滤波后的 GDP 周期的标准差。

庭储蓄的总和）、基本因素和公司储蓄之间的关系。①这种关系类似于波特巴（1987）根据美国数据估算而得的基准关系。在我们采集的样本中，公司储蓄对总体私人储蓄没有显著的影响——与家庭在公司储蓄变化的抵消作用保持一致——因此也就以较低的家庭储蓄来抵消较高公司储蓄所造成的影响。不过，如果我们将亚洲地区和世界其他地区的公司储蓄分别进行估算，就会发现，随着亚洲公司储蓄的增长，亚洲的私人储蓄也有着很显著的增长。特别是在新兴亚洲国家和地区，公司储蓄每增长 1 美元，家庭储蓄的降低只能抵消不足 20 美分，可在其他国家却可以抵消公司储蓄增长的近四分之三。这一发现并非源于中国的高储蓄率，即便将中国与其他亚洲新兴国家分开研究，结果也是一样。此外，无论采用怎样的收入衡量方式，均能获得同样的结果。表 2A. 2 所示为采用不同方法衡量个人与家庭储蓄所得到的公司储蓄结果。其中最显著的差异是，若直接采用家庭储蓄来构建测试，非亚洲家庭似乎仍然无力刺破公司的面纱。

① 在估算这些关系的时候，我们采用了固定效应和滞后值的系统广义矩法来控制潜在的内生问题。我们采用了较强的标准误差来确定显著性水平。

表 2A. 2

区域内公司储蓄对个人储蓄的影响（回归分析结果）						
公司储蓄/GDP	**个人储蓄[a]**		**个人储蓄[b]**		**家庭储蓄[c]**	
非亚洲	0. 3	0. 29	0. 41	0. 41	-0. 05 ***	0. 01 ***
亚洲	0. 29		0. 77 ***		-0. 09 ***	
亚洲（除中国外）		0. 68 **		0. 96 ***		0. 89 *
中国		0. 12		0. 69 ***		-0. 03 ***

资料来源：IMF 工作人员估算值。

说明：***，** 和 * 分别表示 1%、5% 和 10% 的显著性。

a 按 IMF WEO 数据库得出的个人储蓄。

b 采用国民储蓄减去政府储蓄所得的个人储蓄。数据来自 IMF WEO 数据库和联合国。

c 联合国所计算得到的家庭储蓄。零假设（揭穿公司的面纱）是公司储蓄系数为 -1。显著性测试相应做了调整。

表 2A. 3

个人消费和家庭财产性与非财产性收入（回归分析结果）		
常量	0. 002	0. 010 ***
实际利率（国库券）	-0. 103 ***	-0. 067 ***
可支配收入增长		
非财产性（总量）	0. 989 ***	
财产性（总量）	0. 033 **	
非财产性（非亚洲）		0. 729 ***
财产性（非亚洲）		0. 013 **
非财产性（亚洲）		0. 740 ***
财产性（亚洲）		0. 068 ***
可支配收入系数净值（亚洲 = 非亚洲）[a]		
非财产性收入增长		0. 018
财产性收入增长		24. 372 ***
R 方	0. 245	0. 376
R 方调整值	0. 234	0. 359

资料来源：IMF 工作人员估算值。

说明：***，** 和 * 分别表示 1%、5% 和 10% 的显著性水平。

a 采用 Wald 检验对零假设进行检验。零假设指亚洲与亚洲以外地区的可支配收入系数相等。

根据奥尔巴赫和哈塞特（1991）的方法，式 2-1 中采用了实际可支配的非财产性收入和实际可支配的财产性收入来检测目前消费水平对财产性收入的依赖性（参见表 2A. 3）。结果表明，在各个地区的家庭都无法全面抵消企业储蓄的影响。不过，尽管所有家庭都普遍倾向于将非财产性收入用以消费（这也表明他们具有同样的流动性约束），亚洲的家庭比其他地区家庭还有一个更加明显的倾向，那就是将财产性收入直接用以消费。这也就说明，相比于其他地区的家庭，亚洲家庭更不可能抵消公司储蓄行为。

附录 2：公司储蓄决定因素的回归分析

在本章中，我们采用宏观层面和公司层面的不同数据展开了一系列的回归分析，解释了政策环境变化对公司储蓄的影响。

宏观层面的回归分析

在总体层面上，我们在本章中采用了多国固定样本数据组，这些数据来自以下不同的方面：联合国统计数据库、CEIC 数据有限公司、《世界发展指标》、莱恩和米莱斯·费瑞提（2006）有关金融开放度的数据库，以及用以编制金融发展指数（阿比阿德、德特拉贾凯和特雷塞尔，2008）和公司治理质量指数（德·尼可罗，拉埃文和乌达，2006）的两个新数据库。其中包括的协变量有 GDP 的增长率、实际利率、贸易开放程度（进出口）/GDP 以及贸易条件波动。为了控制那些在固定时间下与国家相关的各种因素，我们采用了固定效应回归分析。

我们检验了 2000 年以后平均企业储蓄占 GDP 比例相对于前几年的变动。结果如表 2A. 4 所示，公司储蓄在全世界范围内都有了普遍的增长，亚洲的增长幅度占 GDP 的 3. 06%，而非亚洲新兴市场国家则占其 GDP 的 1. 17%（不过非亚洲新兴市场国家的增长变化并没有统计显著性）。点估计值表明，亚洲的增幅明显高于亚洲以外地区的水平，且这一结果并非完全受到中国与印度的影响。

为了在宏观层面研究影响公司储蓄的政策杠杆，我们采用了德·尼可罗、拉埃文和乌达（2006）编制的公司治理的收入平滑指标。该指标表现经理人在多大程度上，可以利用累计额修正年收益波动，从而掩盖公司的真实业绩。具体计算为，每一时点上，各类公司在同一国家的现金流（会计调整之前）与利润（会计调整之后）的排名相关性。

表 2A. 4

2000 年前后公司储蓄的平均值差异对比
(回归分析结果)

	亚洲	亚洲(除中国和印度)	非亚洲	非亚洲新兴市场
2000 年以后	3. 06***	2. 50*	1. 73***	1. 17
	(0. 9)	(1. 06)	(0. 52)	(0. 75)
常量	8. 89***	9. 61***	12. 0***	13. 3***
	(1. 64)	(1. 61)	(0. 62)	(0. 93)
观察值	208	166	684	305
R 方	0. 07	0. 06	0. 03	0. 01

资料来源：IMF 工作人员估算值。

说明：***、** 和 * 分别表示 1%、5% 和 10% 的显著性水平。括号中为较严格的标准误差。

表 2A. 5

公司储蓄占 GDP 比例的决定因素
各国固定效应样本回归分析结果，1979—2008 年

GDP 增长	0. 209***	0. 169***	0. 115**	0. 115**
实际利率	(0. 056)	(0. 057)	(0. 056)	(0. 056)
	-0. 056**	-0. 049	-0. 077**	-0. 076**
	(0. 026)	(0. 030)	(0. 036)	(0. 037)
贸易开放度		0. 044*	0. 067**	0. 065**
		(0. 023)	(0. 026)	(0. 025)
贸易条件变动			-0. 059	-0. 0935
			(0. 044)	(0. 174)
贸易开放度 ×				0. 001
贸易条件变动				(0. 003)
常量	12. 090***	8. 89***	8. 117***	8. 227***
	(0. 180)	(1. 648)	(1. 572)	(1. 554)
观察值	607	605	370	370
国家数量	49	49	32	32
R 方	0. 09	0. 11	0. 15	0. 15

资料来源：IMF 工作人员估算值。

说明：***、** 和 * 分别表示 1%、5% 和 10% 的显著性水平。括号中为较严格的标准误差。

表 2A. 5 中的数据是国家固定效应回归分析的结果，其中也对影响企业储蓄的时间不变性特定国家因素进行了控制。企业储蓄的三个主要驱动因素是 GDP 增长率、实际利率和贸易开放程度。贸易条

表 2A. 6

公司储蓄与公司治理 （固定效应回归分析结果）	
2000 年后	0. 85 **
	(0. 39)
2000 年后的亚洲	4. 24 ***
	(0. 87)
公司管理质量	0. 81 **
	(0. 35)
2000 年后 × 公司管理质量	-0. 24
	(0. 38)
亚洲 × 公司管理质量	-1. 52 ***
	(0. 5)
2000 年后亚洲 × 公司管理质量	-1. 70 **
	(0. 84)
常数	11. 21 ***
	(0. 25)
观察值	467
国家数量	36
R 方	0. 23

资料来源：IMF 工作人员估算值。

说明：*** 、** 和 * 分别表示 1% 、5% 和 10% 的显著性水平。括号中为较严格的标准误差。

件波动并未对企业储蓄产生影响，这说明开放程度对企业储蓄的促进并非来自公司在开放环境中的谨慎行为，而是来自公司效率的提高。

表 2A. 6 表示的是公司治理改革对公司储蓄造成的影响。2000 年后亚洲的交互作用项系数和公司治理质量显示，在亚洲，公司储蓄和公司治理之间的反向联系比 2000 年前更为严重，也比世界其他地区严重。这符合我们前面所述的情况，即亚洲国家在公司治理方面的改善对于公司储蓄存在着反向抵消效应（这一时期的公司储蓄存在总体增长趋势）。

公司层面的回归分析

基于公司层面的分析控制了公司与产业在公司总体流动性方面

的特点。数据来自 Worldscope 数据库，并以公司的资产负债表和损益表为基础。样本包括了约 60 个国家的两万家公司。由于金融公司运营机制不同，并掌握现金和其他流动资产以满足法定资本要求，所以我们的样本中并不包括金融公司。

本章将基于一系列公司层面的决定因素，对金融自由化对公司储蓄的影响进行分析。金融自由化的衡量指标是采用阿比阿德、德特拉贾凯和特雷塞尔（2008）所编制的公司改革指标。这一指标从七个不同维度考察了公司的市场发展，其中包括银行监管、私有化过程、进入壁垒、直接贷款、信用上限、利率管制以及证券市场改革。我们平均这七项指数后，编制出了指标。

研究发现，金融发展不足导致外部融资贴水，迫使亚洲公司增加储蓄。这一结果意味着，金融自由化确实降低了预防性储蓄的需要，同时也会缓和企业储蓄的增长。总体指数的系数为负值，而且表现得非常明显，此外亚洲的情况也比其他地区更甚。

在本章中，我们用未分配利润占销售额的比率来衡量公司总储蓄。未分配利润在这里指的是一家公司没有用于股东分红的那一部分累积税后收益。根据有关公司流动性方面的文献（欧普勒等，1999；IMF，2006a），本章将在动态面板模型下（采用阿雷拉诺－邦德的广义矩估计量和严格标准误差）对一些决定因素进行分析。公司层面的变量包括公司规模（以公司资产账面价值的对数来衡量）、总资产中无形资产所占份额、托宾的 Q 比例（或者市价对账面价值的比率，这里定义为公司资产的市价与其账面价值的比率）、资产回报率、销售额变动（以销售额的滚动标准差来衡量）、资本支出和负债产权比率。除了以上这些公司层面变量之外，我们的研究还通过虚变量特别控制了国别、行业与时间因素。行业是指标准行业分类法中两位数分类中的行业（表 2A. 7）。

我们还用了两个数据库来分析公司治理改革对公司储蓄的影响，这两个数据库分别是德·尼可罗、拉埃文和乌达（2006）（前文已有所介绍）和世界银行的《经商环境报告》数据库。第二个数据库测定了在公司董事将公司资产滥用于个人收益方面针对少数股东的保护力度。这些指标还区分了投资者保护的三个不同层面：交易透明度（披露程度指数）、董事职责程度以及股东控诉公司官员与董事行为不端的能力（股东控诉难度指数）。

表 2A.7

公司层面的回归分析结果	
规模	0.072
	(11.37)***
无形资产份额	0.362
	(5.40)***
市价对账面价值的比率	0.018
	(3.16)***
资产收益率	0.01
	(8.91)***
波动	-0.001
	(0.40)
资本支出	-0.001
	(0.34)
金融改革指数	-1.181
	(4.93)***
亚洲×金融改革指数	-3.416
	(9.51)***
观察数量	105897

资料来源：IMF 工作人员估算值。

说明：*** 表示 1% 的显著性水平。括号中为较严格的 Z 数据。

参考文献

阿布杜·阿比阿德、恩利克·德特拉贾凯、特尔里·特雷塞尔："金融改革的新数据库"，IMF 工作文件第 08/266 号（华盛顿：国际货币基金组织），2008 年。

亚洲开发银行：《亚洲发展展望 2009》（马尼拉），2009 年。

艾伦·J. 奥尔巴赫、凯文·A·哈西特："公司储蓄与股东消费" 国家经济研究局工作文件第 2994 号（麻省剑桥：国家经济研究局），1991 年。

贾汉吉尔·阿齐兹（Jahangir Aziz）、崔历："居民收入——中国低消费背后被忽略的因素"，国际货币基金组织工作文件第 07/181 号（华盛顿：国际货币基金组织），2007 年。

拉维·巴拉克里西纳、史蒂凡·丹宁格、塞利姆·埃莱克德格、艾瑞那·泰里尔："金融压力从发达经济体向新兴经济体的传递"，《世界经济展望：危机与恢复》（华盛顿：国际货币基金组织，4 月号），2009 年。

史蒂文·巴奈特、雷·布鲁克斯："中国：政府健康和教育支出是否刺激消费?”，国际货币基金组织工作文件 10/16 号（华盛顿：国际货币基金组织），2009 年。

索斯顿·贝克、A·德米居斯孔特：“中小型企业：金融渠道对发展的制约”，《银行业与金融学刊》，2006 年，第 30 卷，第 2931—2943 页。

索斯顿·贝克、L· F·克拉帕、J· C·梅铎扎：“全球部分信用保证基金的类型”，政策研究工作文件第 4771 号（华盛顿：世界银行），2008 年。

克里斯多佛·卡罗尔：“有无流动性限制条件下的消费功能理论”，《经济展望杂志》，2001 年，第 15 卷第 3 期，第 23—45 页。

瓦莱丽·塞拉、斯韦塔·萨克斯那：“发展动力学：经济复苏的神话”，《美国经济评论》，2008 年，第 98 卷（12 月号），第 439—457 页。

贾尼·德尼科洛、吕克·莱文、上田建一：“公司管理质量：趋势与实际效果”，IMF 工作文件第 06/293 号（华盛顿：国际货币基金组织），2006 年。

J·杜恩：“孟加拉国的成衣制造业：最新进展”，IMF 国家报告第 07/230 号（华盛顿：国际货币基金组织），2007 年。

马可·埃斯皮诺萨 – 维格、A·瑞布西：“零售银行利率：智利是非典型的吗?”，IMF 工作文件第 03/112 号（华盛顿：国际货币基金组织），2003 年。

M·埃斯特瓦奥：“危机后的美国潜在增长—— 一些问题与美国的 2009 磋商条款 IV 论文”（华盛顿：国际货币基金组织），2009 年。

欧盟：“当前经济与金融危机对潜在产出的影响”，非定期文件第 49 号（布鲁塞尔），2009 年。

马乔里·弗来文：“针对未来收入预期的消费调整”，《政治经济学刊》，1981 年，第 89 卷第 5 期，第 974—1009 页。

大卫·富尔切里、安娜贝尔· 莫罗加奈：“金融危机对潜在产出的影响：经合组织国家的新实证证据”，经合组织经济部门工作文件第 699 号（巴黎：经济合作与发展组织），2009 年。

国际货币基金组织：“大量现金：公司储蓄为何那么高?”，《世界经济展望》第 4 章（华盛顿，4 月），2006 年。

国际货币基金组织：“亚洲的投资减少”，《区域经济展望：亚洲和太平洋地区》（华盛顿：5 月），2006 年。

国际货币基金组织：“住房周期变化及其对货币政策的影响”，《世界经济展望》第 3 章（华盛顿，4 月），2008 年。

国际货币基金组织：“全球危机：亚洲的情况”，《区域经济展望：亚洲和太平洋地区》（华盛顿，4 月），2009 年。

国际货币基金组织：“日本—— 条款 IV 的工作人员报告”，IMF 工作人员国家报告 09/210（华盛顿：7 月），2009 年。

国际货币基金组织：“损害是什么？金融危机后的中期产出机制”，《世界经济展望》第 4 章（华盛顿：10 月），2009 年。

国际货币基金组织：“全球金融稳定性报告”（华盛顿，10 月），2009 年。

肯尼斯·康（音）、穆尔塔扎·赛义德、德冈贵一：“重新审视日本的失去的十年”，《区域经济展望：亚洲和太平洋地区》（华盛顿：国际货币基金组织，5月），2009年。

菲利普·兰恩、吉昂·马利亚·米莱斯－费瑞提：“国家的外部财富II：外国资产与负债的调整估算与延伸估算，1970—2004”，IMF工作文件第06/09号（华盛顿：国际货币基金组织），2006年。

中川忍、清水朋子：《日本家庭的金融资产的组合选择 —— 为何日本家庭不愿投资风险资产?》（东京：日本银行），2000年。

帕帕·恩迪亚耶、张平、张文朗：“东亚与太平洋地区的结构改革、区域内贸易和中期发展前景——一个新的多区域模型视角”，《亚洲经济学刊》，2010年，第21卷第1期，第20—36页。

提姆·欧普乐、李·平克威茨、B·斯图尔兹，R·威廉森：“公司持有现金的决定因素和影响”，《金融经济学杂志》，1991年，第52卷。

经合组织：“危机之外 —— 与潜在产出、失业和财政状况有关的中期挑战”，《经济展望》2009年，第4章，第85卷（巴黎）。

托马斯·佩尔托宁、伽柏·普拉：“新兴亚洲的影响减弱了吗？采用亚洲国际投入产出表分析生产与贸易的联系”，欧洲央行工作文件第993号（法兰克福：欧洲央行），2009年。

内森·波特：“中国的储蓄”，《区域经济展望：亚洲和太平洋地区》（华盛顿：国际货币基金组织，10月），2009年。

J·波特伯：“税收政策与公司储蓄”，布鲁金斯经济活动文件第2号，1987年，第455—503页（华盛顿：布鲁金斯学院）。

J·波特伯：“分红、资本收益和公司面纱：来自英国、加拿大和美国的证据”，国家经济研究局工作文件第2975号（麻省剑桥：国家经济研究局），1992年。

埃斯瓦尔·普拉萨德：“亚洲发展的再平衡”，国家经济研究局工作文件第15169号（麻省剑桥：国家经济研究局），2999年。

卡门·M. 瑞恩哈特、肯尼斯·S·罗格夫：“金融危机的后果”，《美国经济评论》，2009年，第99卷第2期，466—472页。

I. 沈：“亚洲的公司信用保证”，《季刊评论》（巴塞尔：国际清算银行），2006年12月。

马丁·索默：“日本工资水平缘何疲软?”，IMF工作文件第09/97号（华盛顿：国际货币基金组织），2009年。

M·特洛内斯、罗伯托·卡达雷利：“全球不平衡：储蓄与投资的视角”，《世界经济展望》（华盛顿：国际货币基金组织，9月），2005年。

德冈贵一：“资助日本公共债务问题的前景 —— 若干问题”，IMF国家报告第09、211号（华盛顿：国际货币基金组织，7月），2009年。

上田建一：《公司管理与流动性管理》（未发表，华盛顿：国际货币基金组织），2008年。

第三章

新兴亚洲国家和地区的投资与重新平衡

后经济危机时代，世界经济的稳步增长有赖于一些国家经济的重新平衡。对于亚洲一些依赖出口的经济体，这意味着要更多地依靠内需来带动经济增长。因此，一些国家需要促进消费，另一些国家则需要增加投资或将投资从贸易部门转向非贸易部门。要想改善投资，这些国家可以进行金融改革，使面向国内需求的公司有更多的机会获得信贷。同时，还可以改善基础设施来提高私人投资回报。

引言

若要重新平衡亚洲经济，就要同时调整生产和支出，将经济增长由依靠外部动力转为更多依靠内部动力。内部动力包括消费与投资，不过各国的侧重点有所不同。国际货币基金组织在 2010 年 4 月的《区域经济展望：亚洲与太平洋地区》中分析了重新平衡经济发展在消费方面的问题。本章中我们将讨论投资方面的问题。

尽管每个经济体的具体情况不同，达成上述发展目标却有一个共同的渠道，那就是改善投资。亚洲的一些经济体，特别是东盟四国，投资总额特别是私人固定资产投资水平比较低。而另外一些经济体，包括新兴工业化经济体和日本，尽管投资总体水平与可比国家相差不多，但投资组成却更偏向于出口企业和资产密集型企业，因而针对国内市场的企业与劳动密集型企业所得到的投资相对较少。此外，现有的基础设施不能满足亚洲国家的快速发展，严重限制了经济活动的正常开展。

我们在本章中将探讨亚洲如何通过投资渠道实现重新平衡。与已有成果不同（如吉马良斯和恩特罗博拉斯特尔，2006；霍里，2008），我们将在总体层面与单一部门层面对主要亚洲经济体的投资情况进行分析。[①] 我们的分析将围绕以下几个方面展开：

- 亚洲在总体层面和部门层面上的私人投资支出的决定因素，造成当前该区域投资趋势的结构性特征，以及亚洲模式与其他区域模式的不同之处。
- 亚洲一些国家金融和基础设施方面对投资的限制。
- 可以改善投资，促进内需，从而重新平衡亚洲经济，提升潜在增长的政策。我们基于分析得到两个结论。首先，在过去十年间，投资回报低且有很大的不确定，人们感到经商难度加大，这些都抑制了这一区域许多经济体的投资。投资还受到金融约束，特别是在日本和新兴工业化经济体，服务行业的中小企业外部融资渠道有限。这些经济体可以通过促进风险融资，支持中小型企业通过更私人的法庭外解决方案进行结构调整，以及简化税收政策等措施，改善投资组成，使投资向非贸易部门倾斜。其次，基础设施方面的落后也抑制了私人投资支出，这种情况在东盟四国尤其严重。该区域大多数国家的基础设施由政府提供，可以通过加强公—私合作以及债券基金等方式，增加私人参与度，从而减少政府预算方面的压力。

亚洲的投资趋势

近期发展

从亚洲危机到现在的全球危机，这十年间，亚洲的投资支出在两组经济体之间存在很大的差异（图 3.1）。在中国和印度这类国内需求基础较大的经济体中，投资在亚洲危机期间略有下降，但在新世纪之初就有所增长。[②]在那些更倾向于出口的经济体中（如新兴工

---

① 吉马良斯和恩特罗博拉斯特尔（2006）还考察了总体与公司层面上的投资趋势，特别关注的是亚洲危机之后马来西亚的经济发展。

② 下文中许多有关私人投资的讨论都主要针对亚洲与印度以外地区的发展，上述两国之外的经济体称作新兴亚洲国家。

图 3.1

亚洲：固定资本形成总额（GFCF）和储蓄总额，1993—2009 年

（占 GDP 的百分比）

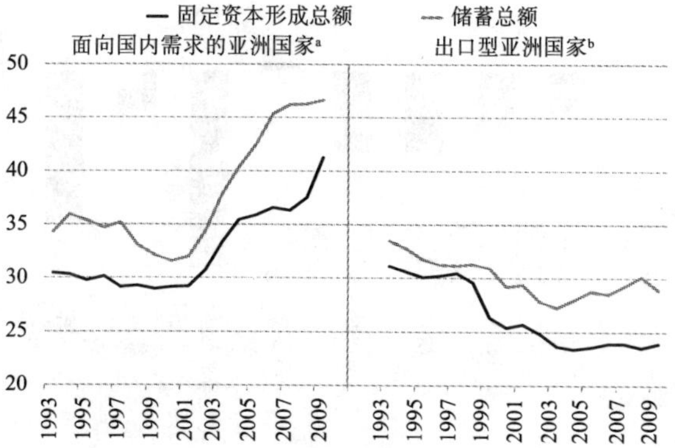

资料来源：IMF 的世界经济展望数据库。

a 中国和印度

b 新兴工业化经济体和日本、马来西亚、菲律宾、泰国

业化经济体及日本、马来西亚、菲律宾、泰国），亚洲危机后 GDP 中投资所占份额的平均降幅大约是 7 个百分点。在这些经济体中，一方面是投资占 GDP 的份额下降，同时储蓄保持相对平稳，这就造成了这段时期内的经常账户盈余增长。

出口型亚洲国家中的投资减少，主要是由于固定资本方面的私人开支大幅减少（图 3.2）。除中国台湾以外，其他经济体投资放缓的主要原因都是私人部门投资减少。特别是在经济衰退的国家，在固定投资上 —— 如工厂和机械—— 的持续低落造成了大约一半至四分之三的投资降幅。此外，住宅建设方面的过度投资也是导致危机前繁荣和后来经济衰落的一个原因（图 3.3）。

与此同时，公共投资份额也有所下降，这说明新兴亚洲国家和地区与世界其他地区的“基础设施缺口”依然存在，东盟四国和印度这些国家尤其如此（图 3.4 和 3.5）。20 世纪 90 年代之后，这些国家的基础设施在诸多方面都有所改善，不过在很多重要方面，仍然落后于其他的新兴市场。例如，新兴亚洲国家和地区的发电量中间值大约是拉丁美洲中间值的 90%（在 1995 年时还只是 50%）。在过去的十年间，亚洲地区在电话通讯，特别是手机通讯方面发展迅猛，但在通讯基础设施方面仍未赶上拉丁美洲的水平。

图 3.2

出口型亚洲：GDP 中固定资本形成总额所占平均份额的变动的贡献

（按百分比；1990—1997 年和 2000—2007 年期间的平均份额变动）

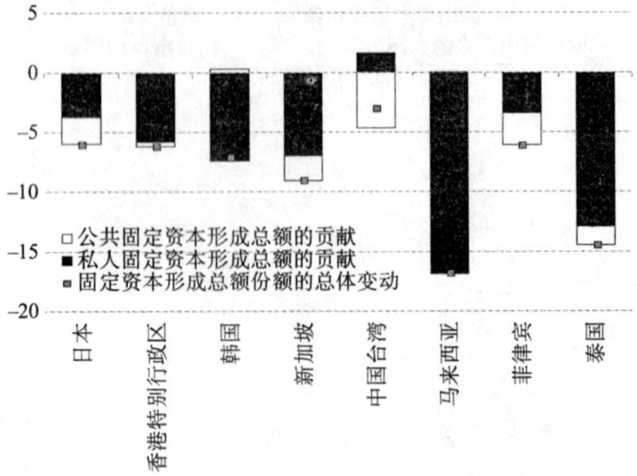

资料来源：IMF 的世界经济展望数据库和工作人员计算值。

图 3.3

选择性亚洲样本：不同类型的投资变动[a]

（2000—2007 年相对于 1990—1997 年；占 GDP 的百分比）

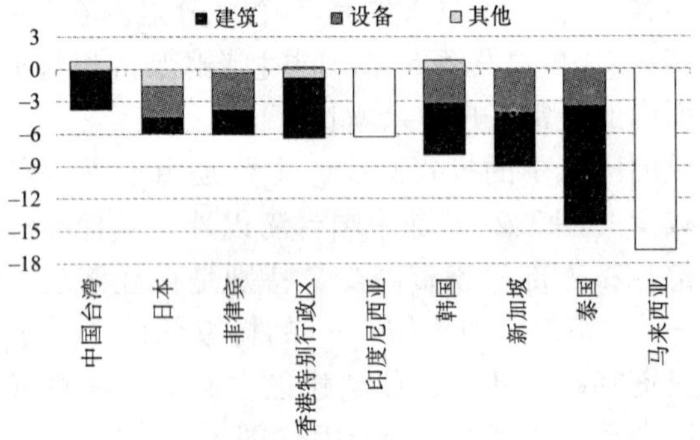

资料来源：IMF 的世界经济展望数据库和工作人员计算值。

a 对印度尼西亚和马来西亚而言，由于缺乏投资类型数据，这里用白色直方体表示固定资本形成总额的变动。

亚洲的政策制定者也意识到，基础设施方面的不足已经阻碍了私人投资与经济发展。①

① 例如，印度的国家经济咨询委员会将该国实体基建的情况称为影响经济扩张的“桎梏约束”，而且是“竞争力低下的主要原因”。

图 3.4

电话数量，1995 年、2005 年和最新数据[a]

（中值；每 100 人拥有的电话数量）

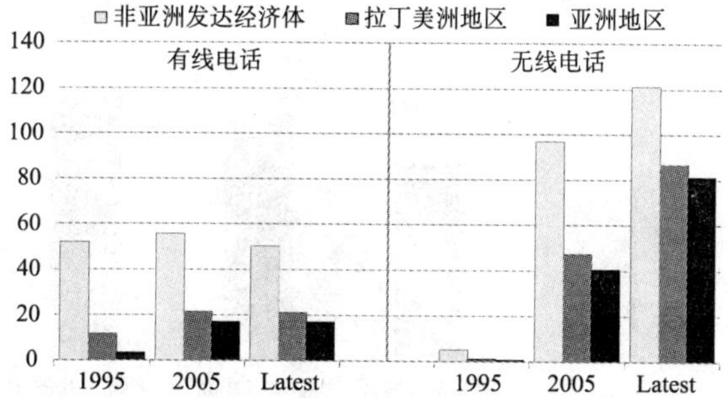

资料来源：世界银行的世界发展指标（2010）。

a 亚洲包括东盟 5 国、中国、印度和韩国。拉丁美洲地区包括阿根廷、巴西、智利、哥伦比亚、哥斯达黎加、厄瓜多尔和墨西哥。

图 3.5

发电量，1995 年、2005 年和最新数据[a]

（中值；人均千瓦时）

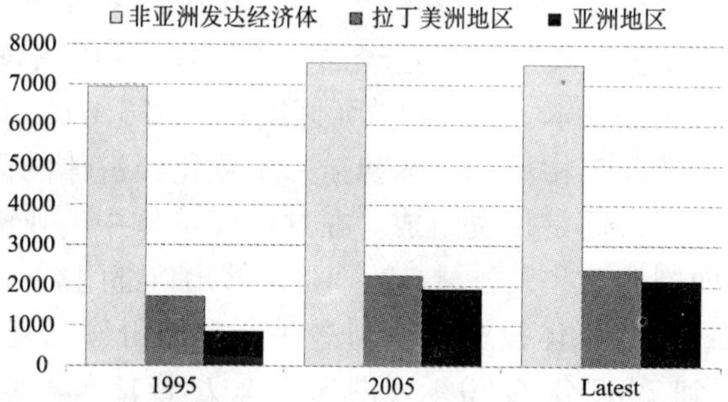

资料来源：世界银行的世界发展指标（2010）。

a 亚洲包括东盟 5 国、中国、印度和韩国。拉丁美洲地区包括阿根廷、巴西、智利、哥伦比亚、哥斯达黎加、厄瓜多尔和墨西哥。

亚洲投资水平和投资组成

在亚洲的一些经济体中，特别是东盟四国，投资水平相对较低。以往研究基于标准新古典发展模型，采用宏观层面的估算值，表明东盟经济体的投资远远低于他们目前的资本产出比所允许的水平（参见国际货币基金组织 2010 年 10 月的《区域经济展望：亚洲与太平洋地区》第三章）。公司层面的数据结果也支持上述观点。在亚洲

图 3.6

公司层面投资率，2000—2007 年[a]

（投资占资本比率的中位数）

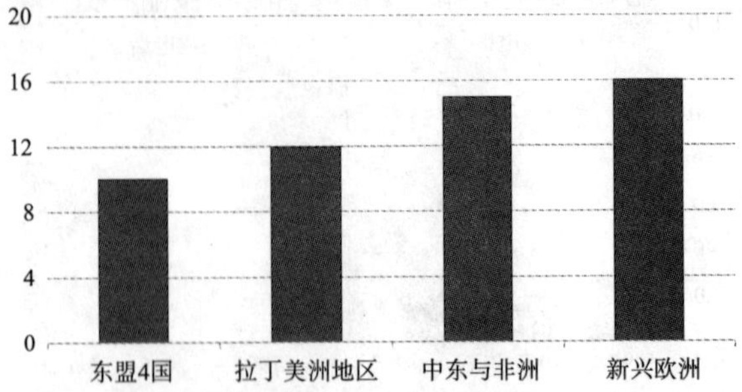

资料来源：Worldscope 数据库和 IMF 工作人员计算值。

a 拉丁美洲地区包括阿根廷、巴西、智利、哥伦比亚、墨西哥和秘鲁。中东和非洲包括以色列、埃及、摩洛哥、巴基斯坦和南非。新兴欧洲国家包括捷克、匈牙利、波兰、俄国和土耳其。

危机后，流动性指标已有所改善，负债产权比也有所降低，但这期间的营业毛利和投资也都大幅减少①。东盟四国的投资率目前比其他新兴经济体都要低，反而更接近于那些人均收入和资本密度水平较高的经济体，例如日本、美国和欧元区国家（图 3.6）。

与东盟的情况正相反，日本和新兴工业化经济体的问题并不是投资的总体水平，而是投资组成。在这些经济体中，亚洲危机后的投资已经转向制造业和大公司，特别是那些出口部门。

例如在日本，总体投资中非制造业所占的份额已经从 2000 年的 70% 下降到 2007 年的 50%（图 3.7）。尽管日本与美国、英国、德国有着大体类似的经济结构，但是在投资组成上的这一变化却与后三者不同。后面三国在 2000 年的起初水平与日本近似，但现在非制造业份额已经增长至大约 80%。日本在汽车、机械、电子和钢铁等四个主要出口部门的总投资份额，已经从原先的 19% 增加到 31%。

同时，对小企业和服务部门的投资始终处于落后地位（图 3.8）。像这样分散的趋势在韩国表现得尤其明显。区域竞争的不断加剧，给该国劳动密集型的中小型企业造成了很大压力，特别是低

---

① 详细数据请参见附录表 3A.1。

图 3.7

不同部门的投资组成，1990 年，2000 年和 2007 年[a]

（总体的百分比，按照 1995 年恒定价格水平）

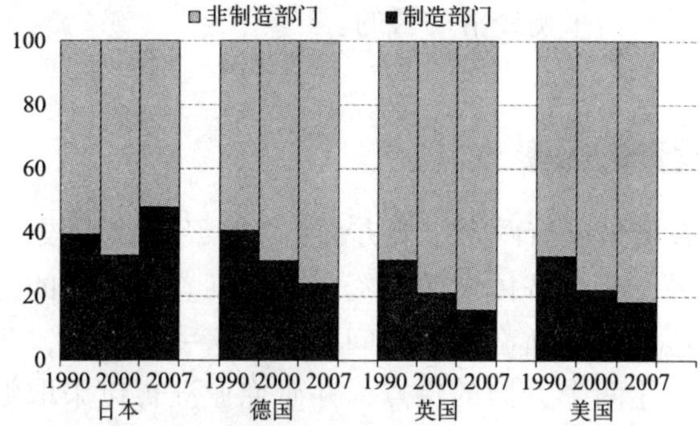

资料来源：欧盟的 KLEMS 数据库。

a 不包括金融、保险、房地产和公共设施部门。

图 3.8

新兴工业化经济体：公司层面的投资率，按规模和部门，2000 年和 2008 年

（投资占资本比率的中位数）

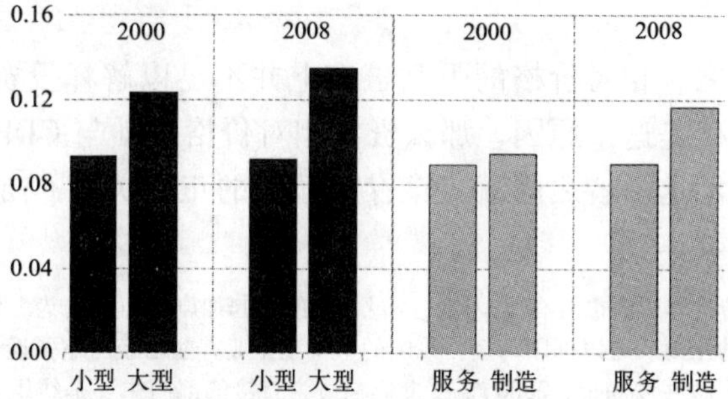

资料来源：Worldscope 数据库和 IMF 工作人员计算值。

端制造部门。[1]另一个困扰着许多中小型企业的问题是产能过剩，而这些公司所属的服务业的生产力又相对低下，这也对投资造成了制约。

虽然日本和新兴工业化经济体的投资水平不低，但还有发展空间，可以将资本支出转向那些与国内经济联系更为紧密的公司与行业，从而达到重新平衡经济的目的。

推动亚洲投资的因素

亚洲的投资情况有两个主要方面：一些经济体中投资占 GDP 份额的下降，另一些经济体中的投资组成变动。在我们的经济重新平衡讨论中，这两个方面都是核心问题。在这一小节中，我们会根据数据来分析上述两个方面的特点，并研究亚洲可以采取哪些具体政策来推动全球经济的重新平衡。

投资总额下降的原因

私人投资份额的下降是否仅仅反映了资本货物相对价值的下降？在亚洲危机之后，一些经济体开始进行结构与金融市场改革，通过这些举措，这些国家在过去十年间生产资本货物的效率有所提高。[2]另一个问题是，随着 IT 资本变得日益重要，一部门的生产力提高就会造成资本相对价格的下跌（德隆，2002）。在这种情况下，名义投资支出占名义 GDP 的份额下降，仅仅是反映了资本货物相对价格的下跌。

总而言之，相对价格的下跌事实上并不足以解释投资率下滑的问题。如果确是这个原因，那么资本相对价格变动与 GDP 中投资所占份额的变动这两者之间就应该存在显著的正相关。[3]但是亚洲的情

---

① 各国的具体国情也会有所不同。不过中国的崛起加剧了竞争压力，特别是亚洲中小型企业方面的压力。还以韩国为例，该国的中小型企业有些已经压缩了运营规模，有些将生产线转往中国（姜和金，2006）。受此影响最为直接的部门主要是纺织业和基础加工业。

② 谢昌泰和克莱诺（2007）曾在更广泛的意义上提出，资本货物相对价格与发展水平之间的反比关系。这就意味着，随着经济体的逐渐发展，他们生产资本货物的效率不断提升，资本的相对价格也就会下降。

③ 我们使用国际货币基金组织的世界经济展望数据库中投资平减指数与总体 GDP 平减指数的比率来衡量资本的相对价格。

图 3.9

出口型亚洲：固定资本形成总额—份额的变动与相对价格的变化

（1990—1997 年与 2000—2007 年的比较）

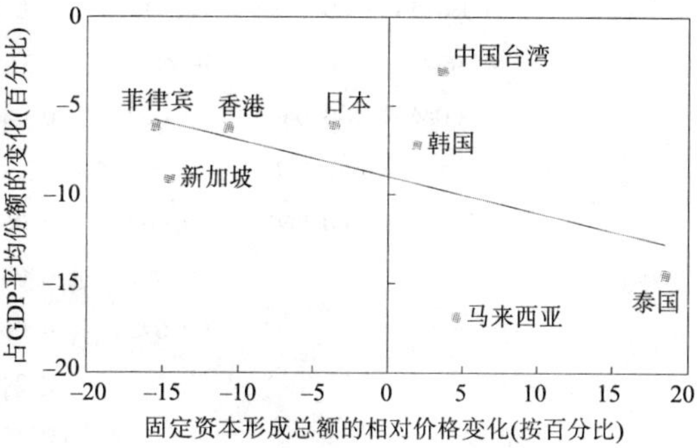

资料来源：IMF 的世界经济展望数据库和工作人员计算值。

况却刚好相反（图 3.9）。实际情况是，资本的相对价格与投资率是负相关的。只有在约半数的情况下，投资份额的减少与较低的相对价格有关，这大概是由于该区域经济体之间结构与金融改革的步调差异，或者是由于 IT 与非 IT 资本货物之间比例不同。投资占 GDP 份额下降幅度最大的经济体，同时也是资本货物相对价格上涨幅度最大的经济体。此外该区域各国或地区的情况存在很大差别：香港特别行政区、日本和新加坡投资份额下滑程度类似，但资本货物相对价格的下跌程度却各不相同。因此，这一说法并不能充分地解释区域总体上的投资趋势。

在另一方面，标准回归分析的估算值却表明，在总体层面上，投资率的下跌也许是由于亚洲在危机后的结构调整（表 3.1）。我们采用了阿里拉诺—邦德广义矩估算作为回归框架，该方法涵盖了投资支出的滞后值和一组控制变量：代表投资总体回报的 GDP 增长、反映宏观经济不确定性的每四年为一周期的 GDP 增长标准差、实际利率、附加值中的制造业份额、金融市场发展指标以及经商难易度指标（所能感受到的投资环境变化），此外，研究中我们还采用了

表 3.1

私人投资支出的决定因素[a]					
滞后的私人投资	0.772***	0.742	0.748***	0.745***	0.710***
	(0.039)	(0.040)	(0.040)	(0.045)	(0.036)
实际利率	0.0319*	0.030*	0.0328*	0.014	0.006
	(0.017)	(0.018)	(0.017)	(0.011)	(0.011)
GDP 增长	0.360***	0.328	0.340***	0.331***	0.299***
	(0.046)	(0.040)	(0.039)	(0.040)	(0.041)
波动		-0.224***	-0.241***	-0.250***	-0.310***
		(0.060)	(0.060)	(0.064)	(0.077)
增加值中的制造份额			0.091	0.054	0.089
			(0.072)	(0.063)	(0.062)
经商难度				0.244	0.343**
				(0.157)	(0.174)
金融发展					21.270*
					(12.210)
					-15.210*
金融发展（平方）					(9.228)
观察值	412	412	369	338	260
国家数量	44	44	42	39	37
一阶误差的自动相关（p 值）	0.8779	0.926	0.938	0.671	0.339

来源：IMF 工作人员估算值。

a 因变量：私人投资占 GDP 比率。采用阿里拉诺——邦德估算技术。括号中为严格的标准误差。*** 、** 和 * 分别表示 1%、5% 和 10% 的显著性。

b 阿里拉诺——邦德测试，一阶误差不存在第二层次的自动相关。

针对特定国家在固定时间的固定效应模型。[①]基于多个新兴经济体与发达经济体的数据，我们通过这个方法找出了以下几个重要的决定因素：

- 投资的总收益（平均增长）与投资支出成正比。亚洲经济危机后，新兴亚洲国家和地区（中国与印度除外）的平均实际

① 金融发展指标（阿比阿德、德特拉贾凯和特雷塞尔，2008）是一个基于七项指标（银行监管、自由化程度、准入壁垒、定向信贷、信贷上限、利率调控以及证券市场改革）的归一化平均值。经商难度的衡量是基于国际国别风险指南（www.prsgroup.com/ICRG.aspx）所制定的一个指标，总体上反映了人们对私人部门和公共部门腐败情况的感知。

GDP 增长有所减缓。相比于危机前，实际 GDP 增长率的减小令投资支出占 GPD 的比例平均减少了 2.5 个百分点。

- 宏观经济的不确定性（波动性）与投资支出存在负相关。随着不确定性的增加，公司往往倾向于观望等待局势明朗，因此也就会暂停那些耗资较大且不可逆的投资项目。随着亚洲经济自 1997—1998 年经济衰退后复苏并进入由繁荣到萧条的循环阶段，新兴亚洲经济体的增长也呈现出较大的波动性，此后，出现了一段稳健增长时期，最终在近期的危机中戛然而止。过去十年间经济上的大起大落令这一地区的投资支出受挫，与 20 世纪 90 年代初相比，投资占 GDP 比重下降了 1 个百分点。
- 投资者对商业环境的感受日益恶化也阻碍了投资。与 20 世纪 90 年代初相比，投资支出占 GPD 的比例减少了 1 个百分点，而其中的四分之三与投资者的感受变化有关。

此外，基础设施的不足也成为新兴亚洲经济体投资的一个制约因素。基础设施的发展可能通过若干途径刺激投资。通信与交通的改善（公路、桥梁和电讯的改善）可以减少交通与通信成本，有助于国内专门化进程，改善国内的劳动分工。此外，交通成本的降低还有助于形成产业集群，随之而来的生产力增长可以通过知识溢出与集聚效应提高投资回报（克鲁格曼，1991；维纳布尔斯，2006）。对于印度、印度尼西亚和中国这些国家而言，潜在生产商与终端使用者之间存在着很大空间距离，这一点就格外重要。电力和能源基础设施的改善可以最大限度地减少生产和分配环节的停工和其他干扰，从而提高生产效率，增加投资回报。道路、电力和水供应的改善还可以促进卫生和教育投资，减少不平等，提高劳动力的人力资本。①

实证研究表明，基础设施的改善对这一地区私人投资支出有很大影响。通常使用的四项基础设施指标（发电、电话线、手机注册用户和道路长度）都表明，基础设施和私人投资支出之间存在显著

---

① 卡德隆和塞尔文（2004a，2004b）指出，基础设施的改善有助于减少不平等和提高经济增长。由于教育和医疗部门的当前需求与基础建设要求之间必须有所权衡，所以在短期内也可能会存在公平与效率之间的权衡取舍。

的正比关系。①我们上面所述的单一回归框架所得的估计值表明，电力与道路对私人投资的影响最为显著，电话线与手机注册用户数量的增加也与私人投资增加存在正相关（表3.2）。②

表 3.2

基础设施对私人投资支出的影响[a]				
迟滞私人投资	0.701***	0.741***	0.673***	0.422***
	(0.050)	(0.054)	(0.046)	(0.081)
实际利率	-0.026	0.006	0.018	-0.038
	(0.024)	(0.026)	(0.021)	(0.027)
GDP 增长率	0.244***	0.285***	0.228***	0.153**
	(0.049)	(0.050)	(0.042)	(0.077)
波动	-0.104*	-0.164***	-0.032	-0.345***
	(0.057)	(0.048)	(0.044)	(0.108)
电力	2.204**			
	(1.122)			
电话		1.420**		
		(0.592)		
手机			0.689***	
			(0.186)	
道路				4.015***
				(1.236)
观察值	316	325	325	120
国家数量	41	42	42	32
一阶误差的自动相关（p 值）[b]	0.347	0.758	0.72	0.267

资料来源：IMF 工作人员估算值。

a 因变量：私人投资占 GDP 比率。采用阿里拉诺——邦德估算技术。括号中为严格的标准误差。*** 、** 和 * 分别表示 1% 、5% 和 10% 的显著性。

b 阿里拉诺—邦德关于一阶误差不存在二阶自相关性的测试。

---

① 这些有形的基础设施不因各国质量差异有所改变，但相比那些基于花费性指标而言，更适合作为基础设施服务的指标，因为后者通常会反映出其他类型的开支。（普里彻特，1996）

② 目前，越来越多的人认为，电话（特别是移动电话）的大量使用特别有助于商业活动的增长。这里有一个例子可以说明，无线电话的普及是如何促使价格发现，减少浪费，并提高产业效率。具体请参见延森（2007）有关印度喀拉拉邦的研究，该研究是关于手机的使用对于当地渔业发展的影响。

投资组成改变的原因

亚洲危机之后，在这一地区较发达经济体中，投资逐渐退出了服务行业与小型企业。对此我们又该如何作出解释呢？我们采用公司层面的固定样本数据，对标准新古典投资模型进行了估算。这一模型通过托宾的Q比率将短期投资与未来利润预期联系在一起，而托宾的Q比率则是公司的股市估值相对于该公司股本的重置成本的比率。①在模型估算过程中，我们采用了一阶差分广义矩分析法，并且引入额外的回归量，其中包括（1）现金流，用来衡量可用于金融投资项目的内部资金。在文献中，这一项通常代表融资约束；（2）负债产权比率，也就是负债相对于资产的比率，用以代表金融改革对投资的影响；（3）每周股价指数收益的标准差，这体现了不确定性对投资可能造成的负面影响。

最近几年，已经有若干因素抑制了内需型企业的投资。在亚洲危机发生前，在公司层面上投资与基本数据之间的关系相对较弱，这也支持了该地区存在过度投资的假设。可是在危机发生后，上述两者之间却开始出现较强的关联。基于公司特点不同，各个因素也体现出不同的重要性（表3.3）。

表3.3

基本数据的改善如何影响到亚洲的投资？

动因	地区	公司类型	对投资的影响
利润率有10%的增长	新兴工业化经济体	小型企业	3%
	东盟4国	大型企业	2%
外部融资有10%的增长	新兴工业化经济体	面向国内市场；劳动密集型	2%
	日本，东盟4国	小型企业；面向国内市场；服务部门	2%
负债产权比率降低10%	新兴工业化经济体	服务部门	3%
	日本	小型企业；面向国内市场；劳动密集型；服务部门	2%—5%
	东盟4国	大型企业；出口型；制造部门	4%—6%
风险降低10%	新兴工业化经济体	服务部门	4%
	日本	劳动密集型企业	3%
	东盟4国	出口型；制造部门；资本密集型公司	3%—5%

资料来源：IMF工作人员估算值。

① 具体请参见附录。表3A.1中提供的是数据摘要。回归分析结果见表3A.2和表3A.3。

对新兴工业化经济体中大多数公司来说，未来盈利预期是刺激投资支出的一个强大动因。日本在一定程度上，也存在这样的情况。在这些经济体中，小型企业和服务行业的投资回报较低，这可能是导致投资组成不平衡的原因。

在新兴工业化经济体和日本，外部融资不足制约了对小型企业与面向国内企业的投资。虽然在亚洲危机后在金融改革方面成果斐然，但是过去遗留下来的过高的负债产权比和对负债融资的依赖仍然抑制了一些企业的投资发展（图 3.10）。不管利润率如何，货款是必须要偿还的，因此过度的负债融资要求会阻滞投资发展，对于长期项目和风险较大的项目而言尤其如此。在新兴工业化经济体中，上述影响更多地体现在服务业。日本的情况是，小型企业、非出口型企业和采用劳动密集型技术的企业的投资受到了严重的影响。这些发现表明，增强对股权融资的依赖可以提高这些企业的投资。

对新兴工业化经济体和日本的劳动密集型企业而言，不确定性也会严重地阻碍他们对服务业的投资。不确定性的影响反映了这些经济体与全球市场的紧密融合，因而容易受到全球波动的影响（图 3.11）。此外，随着供应链上各个环节的竞争性逐步加强，公司无法通过顺周期地成本加价来缓冲外部冲击。正是这一原因使公司在投

图 3.10

企业部门的负债产权比率，2000—2008 年

（按百分比）

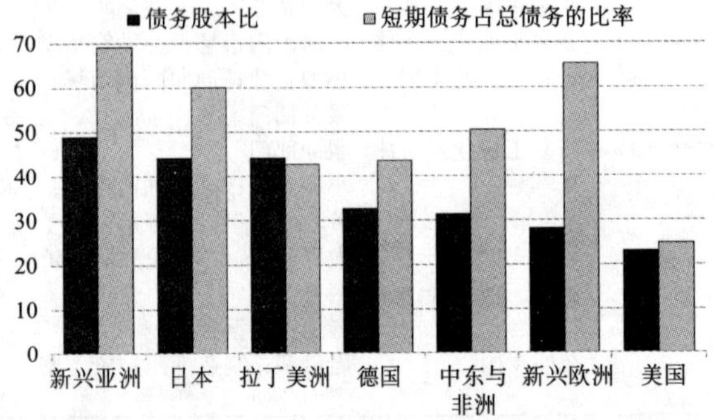

资料来源：IMF 的 Corporate Vulnerability Utility 数据库。

图 3.11
不确定性：股价偏差，2000—2008 年
（每周股价指数标准差）

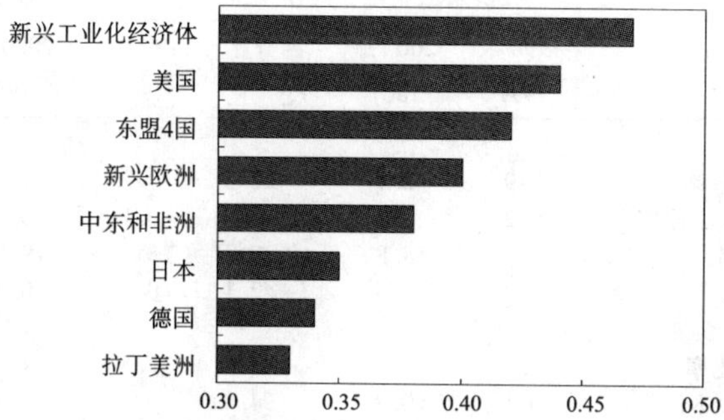

资料来源：IMF 工作人员计算值。

资决策中比以往更加谨慎。[①]

总之，在新兴工业化经济体和日本，那些规模较小、更多地面向国内市场的劳动密集型企业和服务部门企业比那些规模较大、出口型、资本密集型和制造业的企业遭遇了更大的投资阻力。在亚洲危机之后，与后者相比，前者遭遇的阻力主要反映在这些企业在利润率、内部资金、负债产权比率和风险等方面的敏感度更高，且这些方面的指标改善更加缓慢（表 3.4）[②]。

此外，我们还注意到上述投资阻力似乎仅仅存在于亚洲地区，对其他新兴或发达经济体的公司并未造成相同的影响。

- 在其他的新兴经济体中，投资较少受到风险或资本结构的影响。不确定性和负债所带来的不利影响在亚洲区域显得尤为突出。这反映出亚洲经济体相对较开放的实质，同时也反映出亚洲公司相对更加依赖短期资金。
- 在亚洲以外的、资本市场较发达的经济体中，融资约束和负债产权比率的作用，并没有像在亚洲这么突出。与新兴工业

① 林登、克雷默和戴德里克（2009）以 iPod 供应链为例，详细说明了为什么亚洲公司在每一阶段只能赚取很少的附加值，而提供产品背后的知识资本的美国公司却赚取了更多的利润。这也意味着亚洲在链条上只能获得有限的利润率。

② 以东盟四国为例，我们发现那里的融资约束很强，而且针对很大一批公司。与此同时，负债产权比率和风险所带来的负面影响仅限于一些较大规模的公司和出口部门。

表 3.4

新兴工业化经济体和日本：基本数据的变化，1990—1997 年与 2000—2007 年两个时期的企业与类型对比（中位数）

	新兴工业化经济体			日本		
	1990—1997	2000—2007	百分比变化	1990—1997	2000—2007	百分比变化
小型企业						
托宾的 Q 比率	2.9	2.1	-28.0	3.2	1.5	-52.7
现金流占股本比率	0.2	0.2	11.9	0.1	0.1	2.9
资产负债率	18.4	18.8	2.2	28.6	19.9	-30.1
不确定性	0.3	0.5	42.1	0.3	0.4	8.3
大型企业						
托宾的 Q 比率	2.5	1.9	-24.6	2.5	1.7	-30.7
现金流占股本比率	0.1	0.2	94.0	0.1	0.1	4.1
资产负债率	41.8	26.4	-36.9	36.1	22.4	-37.8
不确定性	0.4	0.4	22.5	0.3	0.3	13.3
服务业						
托宾的 Q 比率	2.8	1.9	-30.1	4.5	1.7	-62.7
现金流占股本比率	0.1	0.2	36.0	0.1	0.1	4.3
资产负债率	24.8	21.4	-13.8	30.8	20.3	-34.0
不确定性	0.3	0.5	36.7	0.3	0.3	10.7
制造业						
托宾的 Q 比率	2.6	1.9	-27.9	2.6	1.6	-39.4
现金流占股本比率	0.1	0.2	34.7	0.1	0.1	4.2
资产负债率	32.7	23.9	-26.9	35.0	22.0	-37.1
不确定性	0.4	0.4	25.6	0.3	0.3	3.7
国内企业						
托宾的 Q 比率	3.1	1.9	-39.2	3.4	1.5	-56.0
现金流占股本比率	0.2	0.2	-18.4	0.1	0.1	2.1
资产负债率	19.8	23.6	19.4	30.2	20.4	-32.4
不确定性	0.3	0.5	48.0	0.3	0.3	7.8
出口企业						
托宾的 Q 比率	2.6	2.1	-19.5	2.7	1.8	-36.1
现金流占股本比率	0.1	0.2	46.6	0.1	0.2	3.9
资产负债率	31.3	22.2	-29.0	34.4	22.4	-34.9
不确定性	0.4	0.5	30.7	0.3	0.3	10.6
劳动密集型企业						
托宾的 Q 比率	3.4	2.5	-27.2	3.5	1.8	-48.6
现金流占股本比率	0.2	0.2	9.2	0.2	0.2	10.4
资产负债率	22.2	18.5	-16.9	27.9	19.3	-30.9
不确定性	0.3	0.5	39.3	0.3	0.3	15.2
资本密集型企业						
托宾的 Q 比率	2.4	1.7	-27.1	2.5	1.5	-40.9
现金流占股本比率	0.1	0.2	51.0	0.1	0.1	3.3
资产负债率	32.5	26.5	-18.6	38.6	24.1	-37.7
不确定性	0.4	0.5	30.8	0.3	0.3	2.3

资料来源：IMF 工作人员估算值。

化经济体和日本的公司一样，德国公司也较依赖银行融资，在融资约束方面也呈现出同样的横截面格局。但是，美国和英国的公司在近几年却很少受到融资约束或负债融资的不利影响。这在一定程度上反映了英美的小型公司拥有更多样化的融资渠道，包括债券市场、股权融资和风险资本。

政策意义：亚洲该如何通过投资实现重新平衡?

为实现重新平衡，亚洲的一些经济体需要提高私人投资，例如东盟四国；而另一些经济体，如日本和新兴工业化经济体，则需要将投资更多地投入面向国内市场的行业。亚洲不够完善的基础设施，也制约了私人投资和经济增长，这个问题亟待解决。以上是我们从计量经济学的角度进行研究所得的结果；这一结果揭示出种种问题。在这一小节中，我们探讨一些可以应对上述问题的政策，并在各国经验基础上，讨论为基础设施投资提供资金的最佳办法。

从实证结果得到的政策启发

本章的实证研究结果表明，我们可以从四个主要领域入手，制定政策，促进私人投资：（1）增加投资回报；（2）改善外部融资条件以减少资本成本，特别是针对小型的和面向国内市场的企业；（3）降低过高的负债产权比率，促进中小型企业重组，以创造新的投资空间；（4）加强风险管理，稳定商业气候，降低不确定性。

第一，提高投资回报率至关重要，建议采取以下策略：

- 一些经济体可以从税收入手，因为税收降低了投资回报率，对资本密集型产业的影响尤其大。例如，在经合组织国家中，日本的平均实际公司税率和边际实际公司税率（AER 和 MER）都是最高的（图 3.12）。[①] 降低公司税率，可以有效减少扭曲，促进国内与国外投资增长。日本工业厂房的折旧提成在七国集团中是最低的，若能提高折旧提成，提高企业税损结转，使公司可以补偿大型投资初始几年所造成的损

---

① 平均实际税率（AER）是税前利润所得占税收的比率，这是决定投资地点的一个重要因素。边际实际税率（MER）是投资人觉得值得投资的项目的税前与税后回报率之差，这会影响到理想的投资水平。

图 3.12

经合组织国家的实际公司税率

（单位：百分比；2005 年）

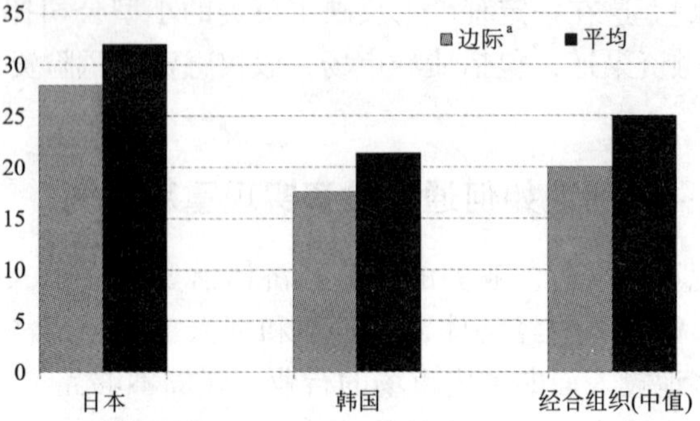

资料来源：英国财政研究所和 IMF 工作人员估算值。

a 工厂与机器，已融资股本。

失，也将有助于投资发展（国际货币基金组织，2010a）。①其他经济体，如韩国，得益于宽容的免税政策，按经合组织的标准，实际税率已经比较低了，因此税收方面的变动所能带来的影响就不会太显著。②

- 另一方面，税收激励机制的负面影响可能更大。③与其他手段相比，税收激励机制的主要缺点是成本高，有可能被纳税人滥用，缺乏透明度，影响正常的商业决策，而且效率较低。相反，世界各国数据表明，建立一个简单、可信、广泛而透明的公司税制，更有助于创建一个有利于投资的良好环境（鲍特曼、克莱姆和巴基尔，2008）。

第二，改善外部融资渠道有助于降低小型企业和非贸易部门企业的资本成本。中小型企业在融资中所面临的问题反映了金融产品种类有限、监管不够灵活、法律体制不完善、金融部门与公司之间存在信息不对称。以下策略将有助于消减这些问题：

① 建筑物仅适用于直线折旧法，在亚洲的纳税寿命比其他地方更长（亚洲为 50 年，而在美国是 39 年）。日本目前允许采用七年的结转期，而美国则是 20 年。

② 根据 1999 年的特殊税收政策和法规，现在已有了一系列广泛的激励机制。此外，文献研究还表明，若有其他不确定因素存在，如管理质量、管理框架、基础设施、宏观政治稳定和劳动力市场条件，税收对于投资的作用可能退居次要地位。具体可参见诺雷加尔和可罕（2007）的综述。

③ 在诸多文献中可参考泽伊、斯托思基和莱（2002）有关的研究综述。

图 3.13

公司债券市场的规模：亚洲经济体的样本，2009 年

（占 GDP 的百分比）

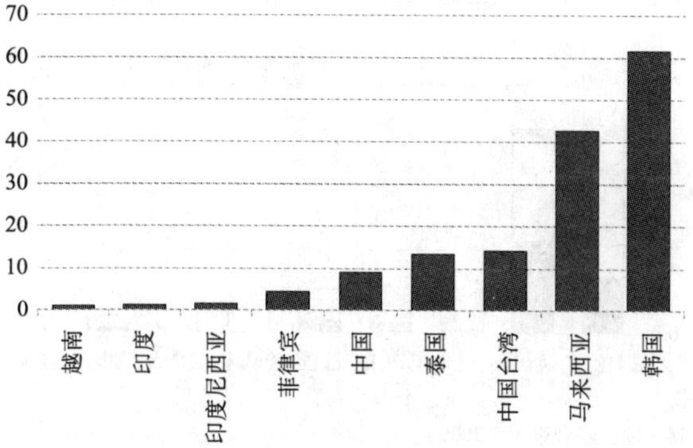

资料来源：亚洲开发银行和国际清算银行。

- 深化拓宽金融体制。在亚洲的新兴经济体中，只有韩国和马来西亚的公司债券市场规模较大，而其他经济体主要依赖与银行的关系进行融资（图 3.13）。鼓励公司债券市场的发展将有助于打开更多的资金渠道（国际货币基金组织，2007）。
- 为小型企业和服务型公司改善金融基础设施。措施有：鼓励风险借贷；改革担保法，扩大证券化的范围（不仅限于房地产和其他固定资产）。例如，在日本，库存和应收账款都可以作为抵押。此外，还可以深化信用信息体系，拓展信用等级的覆盖面。如菲律宾在 2008 年创建了信用信息公司。
- 为新兴行业的创业扩展风险资本的来源。有针对性的减税或将公共养老基金的较大份额用以风险资本投资，可以帮助那些发展水平不高的产业。这在亚洲的较发达的地区也同样适用（图 3.14）。[①] 此外，提供风险资本投资业绩的信息，开发新型证券交易的业绩对比基准（如日本的

---

① 例如，日本的政府养老投资基金没有进行任何如风险资本、房地产和私人证券的投资。而一些 OECD 国家却相反，他们将资产的一部分用以上述投资，这其中包括加利福尼亚公共雇员退休系统（14%）和新西兰养老基金（11%）。具体可参见国际货币基金组织（2010b）。

图 3.14
风险资本投资：发达经济体的样本，2006 年
（占 GDP 的百分比）

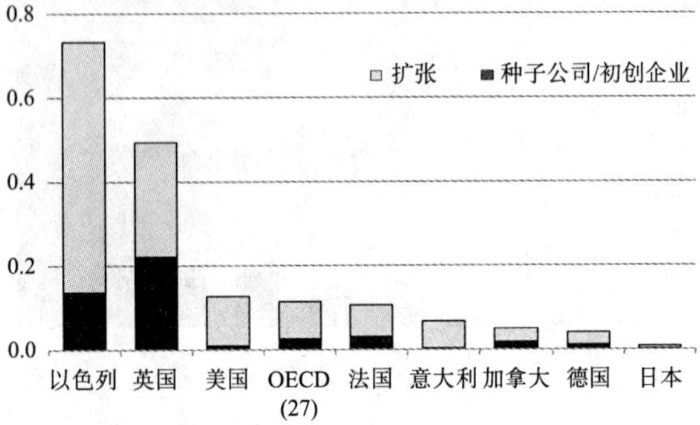

资料来源：经合组织（2008）。

JASDAQ)[①] 也将有助于吸纳更多的资金。

第三，降低负债产权比率，改善企业重组激励机制都有助于创造新的投资空间。

- 随着全球经济逐渐复苏，逐步淘汰信贷担保将有助于促进体制改革。企业与金融体制改革在过去十年取得了显著的进步，但小型企业在这方面却明显落后（国际货币基金组织，2006a，2006b）。这表明中小型企业依然需要可观的信贷担保，这不仅限制了他们结构重组的动力，同时也造成进入壁垒，令众多新兴企业难以获得银行贷款（麦肯锡公司，2000）。[②] 例如在韩国，由于相关的违约风险会由政府负担，银行通常会给那些拥有稳固信贷担保且根基稳固的中小型企业提供直接贷款。这类担保在 2001 年占 GDP 的 8%，到 2006 年降至 GDP 的 6%，但仍然高出美国 30 倍。[③] 就长期而言，我们应该将注意力从依赖担保转移到中小型企业难以获

---

① 在美国和欧洲，风险资本家和机构投资者通常会通过道琼斯 Venture One 和汤姆森金融公司来了解新创业企业的信息，其中包括企业盈利和投资流动。

② 植杉、堺和山城（2006）指出，信贷担保可能造成负债产权比率的显著提高，却不会为高风险企业带来效率提升。

③ 最近由于危机应对政策的影响，信贷担保在该地区已有了显著的提高（参见国际货币基金组织，2009，专栏 1.7）。

得信贷的根本原因这个问题上来。可以通过扩展信贷信息的分享范围，允许流动资产证券化，以及为中小型企业开发风险资本市场等措施改善金融基础设施，提供更多信贷机会（贝克和德米居斯孔特，2006）。

- 帮助无法存活的企业退出市场。这包括通过庭外解决和进一步的改革来不断简化破产程序。这类似于日本在 20 世纪 90 年代银行业危机后为帮助大型企业所采取的措施。这些措施与公共扶持体制改革相互配合，有助于为身陷窘境的中小型企业的重组建立市场。在亚洲危机之后，韩国资产管理公司从银行收购不良贷款，将其重新包装后出售给投资者，由此为韩国公司债务成功地创建了一个市场。[①]同样，推动资产管理公司的发展，让他们将小型企业的不良债务成功地重新包装，这将有助于实现中小型企业的重组和整合。

第四，减少不确定性也有助于降低长期投资决策所带来的风险。实证结果表明，投资决策会受到运营环境中诸多因素的不确定性的影响，例如需求、价格、成本和汇率。此外，与政策相关的风险因素，特别是税法和其他商业规定，都可能影响到私人投资。应对这一问题的措施有以下几种：

- 改善金融工具的使用以进行风险管理。即使在亚洲相对发达的地区，对各国的比较分析也表明，大出口商在信用、商品和有价证券价格风险方面的保险价值过低。而中小型企业的风险规避普遍更弱（希尼等人，1999）。
- 进一步改善人们对经商难易度的感知。亚洲危机后实施的一系列结构改革已经给这一地区的投资气候带来了显著的变化，不过人们的感知似乎并未与实际变化保持同步。调研结果表明，简化创业过程，提高劳动力市场的灵活度，改善企业与破产的法律法规，建立更为透明的税收体制，这些都有助于降低这一地区投资者的风险感知（吉马良斯和恩特罗博拉斯特尔，2006；国际货币基金组织，2008b）。在这些方面的不懈努力，如香港特别行政区通过竞争法，马来西亚降低了对服务部门的国外投资的限制，印度尼西亚和马来西亚建立了“一站式服务”来解决行政迟缓问题，这些都可以让公

---

① 请参见姜和金（2006）。

司更愿意在国内拓展业务。

满足基础设施的需要

基础设施方面的政府筹资与供应也许不足以满足亚洲地区日益增长的需要。在未来十年中，新兴亚洲国家的总体基础建设需求估计约为7.5万亿美元（亚洲开发银行，2009）。亚洲的一些政府已经在危机后制定了刺激经济的一揽子计划，其中也包括加大对基础设施建设的拨款。不过，他们在预算上也有其他方面的需求压力，财政空间不断缩减，在提高主权开支方面对债券投资人的包容度越来越小，在未来的几年内，他们就可能无力继续保持在道路、通信和电力方面的高投资水平。①

公私合伙制虽然可以提供不同的供应机制，但这些途径的有效运作有赖于诸多方面的协调合作。历史上亚洲与其他地区（包括发达经济体）的基础建设几乎全部属于公共领域。随着全球范围内政府预算压力日益加剧，人们才将更多的注意力投向了公私合作的形式。目前的一些，基于这类组织形式的项目为我们在未来公私合伙设计方面提供了不少借鉴：

- 屯河—钦本河水利项目，由泰国和老挝在1994—1998年期间合作共同实施，收益可观（亚洲开发银行，2009）。为了解决潜在的时间矛盾问题和套牢问题（如公司被要求将资本注入多年期项目，但后来会受到关税或税收政策中期变化的影响），老挝政府承诺履行其30年许可证的义务，同时建立了一个离岸第三者保存账户，为项目投资人提供担保。
- 德里和孟买的新国际机场也是合资建设的，其中74%是私人财团股权。项目工程在2006年启动，目前在两个城市的建设都已接近尾声。为了消减政策管理上的不确定性，专门设立了一名项目监管。该监管拥有独立的司法管辖权。这个新建的机场经济管理机构全权负责监督机场服务，还事先订立了定价、成本传递和服务质量方面的管理法规。

公私合伙的一项基本原则是，将特定风险分配给最适合承担的一方以求达到最佳风险分担。建设与运营风险最好由私人特供方承

---

① 基础建设金融需求和政府通过一般税收进行融资的能力之间存在脱节，这个问题在发展中市场与新兴市场中表现得尤其突出。由于这些国家的税基比发达经济体较窄，额外税收的边际成本就可能更高（斯瓦鲁普，1994）。

担，而政府负责承担政治与管理风险（阿克托比、海敏和施瓦兹，2007）。透明的风险承担可以最大限度地减少拖沓、成本超支和资金断裂等情况。与此同时，如果政府可以为私人供应方的债务提供担保，就可能淡化各类风险之间的分界。这样一来，就可以对潜在的财务风险进行清晰准确的核算，从而确认各方所预期承担的，并将主权借债成本与基本面更紧密地联系起来。

为了解决资金缺口，还可以采取措施将储蓄有针对性地导向基础设施投资。印度正在考虑建立专门性的资金中介机构，通过明确规定资本充足率标准，发放免税基础设施债券，利用养老金和保险基金。这样有助于解决过度依赖银行的资金结构问题。由于银行在很大程度上依赖短期大规模融资和小额零星存款，当他们向基础设施项目提供长期借贷时就难免遭遇资本—负债失衡问题。

总结

展望未来，让亚洲的发展重获平衡的战略包含了很多方面，其中之一就是提高投资水平和改善投资结构。在一些经济体，如东盟四国，投资相对于它们的发展水平而言比较落后。而在亚洲的其他地方，例如日本和新兴工业化经济体，投资组成又过于偏重那些制造业的出口型和资本密集型的企业，从而损害了服务业中内需型和劳动密集型企业的利益。

金融改革与基础设施改善都会影响投资格局。在日本和新兴工业化经济体，增加对小规模内需型企业的投资可以将投资组成向非贸易部门倾斜，从而实现重新平衡。可达成上述目标的政策包括，推进风险融资，通过破产法改革推进中小型企业重组，优化税制与法规等等。东盟四国的主要问题在于总体投资水平较低，若能改善基础设施就可以引入私人投资，提高增长潜力。在经历危机后的世界，外部需求已经缩减，亚洲该如何应对这一变化，关键在于该地区的经济体能否创造出有利于投资和重新平衡的条件。

（马尔哈·纳巴　穆尔塔扎·赛义德）

附录：公司层面分析

我们在实证研究中采用的数据包括 1989—2008 年期间 Worldscope 数据库中所涵盖的所选国家和地区的所有上市的非金融企业。Worldscope 数据库拥有标准化的全球投资组合资料及详尽的历史数据。这个著名的数据库涵盖了96%以上它所代表的世界市场价值的。采用这一数据库的重要优势之一就是可以为体制不同的国家提供一套标准化的数据，由此得到相对可靠的多国比较结果。有些公司于1995年以后被录入数据库，因此序列响应较短。在实际分析时，我们根据统一标准将一些异常值剔除在外。

这里的特定公司变量是指那些可能影响公司层面投资决策的因素，本章中标准投资模型中对此有所说明。这些变量主要是通过现金流量表得到的，其中包括未来盈利预期（托宾的 Q 比率）、现金流量、销售增长、负债产权比率（总负债对于总资产的比率）和不确定性（这里体现为该公司每周股价指数盈利的标准差）。股本的估算是采用标准永续库存法，将工厂、土地和设备的账面净值作为起始价值，通过投资、变卖和并购的数据来确定后续价值。

考虑到债务的标准调整，托宾的 Q 比率在此定义为式3－1：

$$Q_{it} = \left[\frac{V_{it} + B_{it} - C_{it}}{p_t(1-\delta)K_{i,t-1}}\right], \qquad 3-1$$

公式中 V 是公司的基本价值或未来支付给股东的预期的当期折现值；B 是未偿债务的账面价值；C 是流动资产；p 是投资商品的价格；δ 是资本折旧率（这里预估为8%）；K 是公司股本的重置价值。

模型

我们采用公司层面的固定样本数据来对标准新古典投资模型进行估算，这一模型通过托宾的 Q 比率将当前投资与未来盈利预期联系起来，再增加了其他一些因素。模型可以表述成式3－2：

$$\Delta\left(\frac{1}{K}\right)_{it} = c_t + b\Delta Q_{it} + c\Delta Z_{i,t} + \Delta\varepsilon_{it}, \qquad 3-2$$

公式中 I/K 是投资率，Q 是托宾的 Q 比率，[①] Z 是其他变量的矢量。

这些模型都是采用广义矩法进行估算，其中包含了内生性和自变量衡量误差等因素。我们采用了一阶差分估算，包含了年虚拟变量来控制具体公司与具体时间效应。当残差不存在更高层的序列相

① 这里定义为公司的股市估价相对于股本重置成本的比率。

表 3A. 1

选择性公司财务指标，1990—1997 年和 2000—2007 年（中值）

	亚洲的选择性样本			亚洲外比较对象[a]					
	东盟4国	新型工业化经济体	日本	美国	英国	德国	新兴欧洲	中东与非洲	拉丁美洲
投资率									
1990—1997	0.19	0.17	0.14	0.15	0.14	0.18	…	…	…
2000—2007	0.10	0.11	0.09	0.12	0.11	0.11	0.16	0.15	0.12
利润率（百分比）									
营业毛利[b]									
1990—1997	11.14	7.14	4.16	7.17	6.56	0.33	…	…	…
2000—2007	6.23	5.05	4.42	5.63	5.29	1.95	5.07	7.66	10.54
估价									
托宾的 Q 比率									
1990—1997	3.35	2.76	2.98	3.11	2.38	2.06	…	…	…
2000—2007	2.00	2.07	1.73	3.35	2.39	1.82	2.67	2.39	1.94
流动性									
当前比率[c]									
1990—1997	1.25	1.27	1.36	1.93	1.35	1.75	…	…	…
2000—2007	1.55	1.54	1.44	1.86	1.27	1.59	1.42	1.37	1.40
资本密度									
资本—劳动力比率									
1990—1997	43.63	94.52	163.09	38.23	20.55	42.23	…	…	…
2000—2007	31.66	68.16	113.38	57.88	32.46	58.53	46.23	24.98	76.48
负债产权比率（按百分比）									
债务股本比									
1990—1997	66.63	63.13	88.57	49.49	38.46	55.60	…	…	…
2000—2007	43.59	41.13	42.49	41.02	39.85	51.14	29.67	42.08	50.72
短期债务占债务总量的比率									
1990—1997	68.48	56.73	47.52	14.96	48.41	48.33	…	…	…
2000—2007	65.05	68.00	59.02	13.88	35.21	41.07	63.58	45.85	38.59

资料来源：Worldscope 数据库和 IMF 工作人员计算值。

a 新兴欧洲包括捷克、匈牙利、波兰、俄罗斯和土耳其。中东与非洲包括以色列、埃及、摩洛哥、巴基斯坦和南非。拉丁美洲包括阿根廷、巴西和智利。

b 营业收入（EBIT）占销售的百分比。

c 流动资产与流动负债的比率。

关性，且工具有效的情况下，这一方法能够获得较为一致的估算值。①我们还通过诊断性测试对这些条件进行了验证。②

---

① 这里的工具是自变量的滞后值和我们所采用的回归变量，但采取其他工具组也得到了同样可靠的结果。

② 这一模型通过了序列相关（m1 和 m2）测试和工具效度测试（汉森）。

表 3A.2

投资方程，全套样本（1999—2008 年）[a,b]

	东盟 4 国	新兴工业化国家	中国	印度	新兴欧洲	中东与非洲	拉美	日本
托宾的 Q 比率	0.010	0.012 **	-0.011	-0.000	0.010	0.015 **	0.004	0.007 **
	(0.01)	(0.00)	(0.01)	(0.01)	(0.01)	(0.01)	(0.01)	(0.00)
流动性[c]	0.150 **	0.006	-0.009	0.205 **	0.119 **	0.051 *	0.247 **	0.012
	(0.07)	(0.03)	(0.10)	(0.08)	(0.05)	(0.03)	(0.06)	(0.04)
负债产权比[d]	0.000	-0.001	0.001	0.001	-0.000	0.000	-0.001	-0.002 **
	(0.00)	(0.00)	(0.00)	(0.00)	(0.00)	(0.00)	(0.00)	(0.00)
不确定性[e]	-0.127 **	-0.119 **	-0.044	-0.065	0.111	-0.048	-0.050	-0.062 **
	(0.06)	(0.05)	(0.15)	(0.14)	(0.11)	(0.07)	(0.06)	(0.03)
				规范检验的 p 值				
M1	0.000	0.000	0.071	0.000	0.001	0.000	0.000	0.000
M2	0.283	0.407	0.329	0.804	0.488	0.186	0.156	0.196
汉森检验	0.280	0.291	0.256	0.787	0.814	0.278	0.196	0.189
公司数量	1505	3223	1066	513	410	451	566	2695
观察数量	7481	14784	3527	2375	1610	2404	3528	10649

资料来源：Worldscope 数据库和 IMF 工作人员估算值。

a 因变量是投资率。一阶广义矩估算，采用滞后变量和年虚拟变量。工具是回归变量的滞后值。

b 括号中是严格的标准误差。* 表示 10% 的显著性，** 表示 5% 的显著性。

c 现金流量与资本的比率。

d 资产负债率。

e 每周股价指数收益的标准差（按年计算）。

表 3A.3

亚洲：投资方程，小样本分析[a,b]

	时间段		规模		市场尚知		资本密度		部门	
东盟4国	危机前	危机后	大	小	国外	国内	高	低	制造业	服务业
托宾的Q比率	0.027**	0.004	0.011**	0.002	0.006	0.015	0.013**	0.019**	0.006	0.010
	(0.01)	(0.01)	(0.01)	(0.02)	(0.01)	(0.01)	(0.01)	(0.01)	(0.01)	(0.01)
流动性[c]	-0.093	0.161**	-0.003	0.169**	-0.019	0.103*	0.077**	-0.033	-0.052	0.115**
	(0.09)	(0.08)	(0.05)	(0.08)	(0.03)	(0.06)	(0.04)	(0.09)	(0.05)	(0.05)
负债产权比[d]	0.002	-0.000	-0.003**	0.001	-0.002**	-0.001	-0.000	-0.000	-0.002**	0.000
	(0.00)	(0.00)	(0.00)	(0.00)	(0.00)	(0.00)	(0.00)	(0.00)	(0.00)	(0.00)
不确定性[e]	0.203	-0.139**	-0.034	0.065	-0.119**	-0.050	-0.138**	0.081	-0.083*	0.022
	(0.13)	(0.07)	(0.07)	(0.08)	(0.04)	(0.07)	(0.06)	(0.06)	(0.05)	(0.07)
					规范检验的p值					
M1	0.032	0.000	0.000	0.001	0.000	0.000	0.000	0.005	0.000	0.000
M2	0.269	0.199	0.836	0.454	0.839	0.995	0.708	0.895	0.548	0.633
汉森检验	0.116	0.735	0.112	0.409	0.077	0.120	0.297	0.540	0.201	0.385
公司数量	389	1375	753	809	654	851	1129	556	901	604
观察数量	1040	6441	3572	3447	3884	3597	3838	1740	4590	2891
	时间段		规模市场风险		资本		密度		部门	
新兴工业化经济体	危机前	危机后	大	小	国外	国内	高	低	制造业	服务业
托宾的Q比率	0.005	0.010**	0.018**	0.010**	0.015**	0.007	0.017**	0.008*	0.019**	0.010
	(0.01)	(0.01)	(0.01)	(0.00)	(0.00)	(0.01)	(0.01)	(0.01)	(0.00)	(0.00)
流动性[c]	0.171	-0.008	0.029	-0.000	0.039	0.140**	0.054	0.097**	0.046	-0.012
	(0.14)	(0.04)	(0.05)	(0.03)	(0.05)	(0.05)	(0.04)	(0.03)	(0.03)	(0.03)
负债产权比[d]	0.009	-0.002	0.000	-0.000	-0.003**	0.000	-0.001	0.002	-0.002	-0.002*
	(0.01)	(0.00)	(0.00)	(0.00)	(0.00)	(0.00)	(0.00)	(0.00)	(0.00)	(0.00)
不确定性[e]	-0.049	-0.108*	-0.129*	-0.055	-0.156**	-0.013	-0.038	-0.072	-0.085*	-0.103*
	(0.11)	(0.06)	(0.07)	(0.05)	(0.07)	(0.04)	(0.05)	(0.08)	(0.05)	(0.05)
					规范检验的p值					
M1	0.074	0.000	0.001	0.000	0.000	0.000	0.005	0.015	0.000	0.001
M2	0.526	0.757	0.376	0.187	0.083	0.694	0.087	0.200	0.088	0.558
汉森检验	0.505	0.512	0.161	0.259	0.173	0.550	0.272	0.396	0.275	0.873
公司数量	607	3085	1622	1703	1695	1528	2182	1445	2137	1086
观察数量	1634	13150	7110	6685	9531	5253	7657	4461	9966	4818
	时间段		规模市场风险		资本		密度		部门	
日本	危机前	危机后	大	小	国外	国内	高	低	制造业	服务业
托宾的Q比率	0.017**	0.005*	0.005*	0.004	0.008**	0.005	0.010**	0.004	0.012**	0.002
	(0.01)	(0.00)	(0.00)	(0.00)	(0.00)	(0.00)	(0.00)	(0.00)	(0.00)	(0.00)
流动性[c]	-0.179	0.045	0.012	0.089*	-0.012	0.103*	-0.019	0.103**	0.038	0.092*
	(0.13)	(0.04)	(0.05)	(0.06)	(0.04)	(0.06)	(0.06)	(0.05)	(0.05)	(0.06)
负债产权比[d]	0.000	-0.002**	-0.002**	-0.002**	-0.002**	-0.001*	-0.002**	-0.002**	-0.002**	-0.002**
	(0.00)	(0.00)	(0.00)	(0.00)	(0.00)	(0.00)	(0.00)	(0.00)	(0.00)	(0.00)
不确定性[e]	-0.033	-0.063**	-0.072**	-0.057	-0.054*	-0.011	-0.088**	-0.064**	-0.042	-0.024
	(0.09)	(0.03)	(0.03)	(0.04)	(0.03)	(0.03)	(0.03)	(0.03)	(0.03)	(0.04)
					规范检验的p值					
M1	0.000	0.000	0.000	0.000	0.000	0.000	0.000	0.000	0.000	0.000
M2	0.52	0.150	0.211	0.220	0.120	0.165	0.734	0.207	0.856	0.201
汉森检验	0.344	0.267	0.185	0.625	0.131	0.852	0.322	0.271	0.253	0.916
公司数量	356	2529	1244	1553	1014	1681	1371	1395	1635	1060
观察数量	1256	9393	5298	4590	5102	5547	4869	4465	7029	3620

资料来源：Worldscope 数据库和 IMF 工作人员估算值。

a 一阶广义矩估算，采用滞后因变量和年虚拟变量。工具是回归变量的滞后值。

b 括号中是严格的标准误差。* 表示 10% 的显著性，* * 表示 5% 的显著性。

c 现金流与资本的比率。

d 资产负债率。

e 每周股价指数收益的标准差（按年计算）。

参考文献

阿布杜·阿比阿德、恩利克·德特拉贾凯、特尔里·特雷塞尔：“金融改革的新数据库”，国际货币基金组织工作文件第 08/266 号（华盛顿：国际货币基金组织），2008 年。

阿布杜·阿比阿德、D·李、M·特洛内斯：“改善平衡：从持续的经常账户盈余中转变”，《世界经济展望》（华盛顿：国际货币基金组织），2010 年 4 月。

伯纳丁·阿克托比、R·海敏、G·施瓦兹：“公共投资与公共—私人合伙”，《经济问题》第 40 卷（华盛顿：国际货币基金组织），2007 年。

亚洲开发银行：《天衣无缝的亚洲所需要的基础设施》（马尼拉），2009 年。

巴克莱银行：“修正全球的不平衡：针对新兴亚洲的政策方案”（未发表；伦敦：巴克莱新兴市场研究），2009 年。

索斯顿·贝克、A·德米居斯孔特：“中小型企业：金融渠道对发展的制约”，《银行业与金融学刊》，2006 年，第 30 卷，第 2931—2943 页。

奥利维尔·布兰查德、G·M·米莱斯·费瑞提：“全球的不平衡：时值中游？”国际货币基金组织工作人员意见书第 09/29 号（华盛顿：国际货币基金组织），2009 年。

丹尼斯·鲍特曼、A·克莱姆、R·巴基尔：“菲律宾的投资激励和实际汇率：与邻国的比较”，国际货币基金组织工作文件第 08/207 号（华盛顿：国际货币基金组织），2008 年。

凯撒·卡德隆、L· 塞尔文：“基础设施建设对发展与收入分配的影响”，政策研究工作文件第 3400 号（华盛顿：世界银行），2004 年。

凯撒·卡德隆、L· 塞尔文：“拉丁美洲基础设施的发展趋势，1980—2001”，政策研究工作文件第 3401 号（华盛顿：世界银行），2004 年。

罗伯托·卡达雷利、A·瑞布西：“汇率与外部不平衡的调整”，《世界经济展望》（政策研究工作文件第 3400 号（华盛顿：国际货币基金组织），2007 年 4 月。

罗伯托·卡达雷利、M·特罗内斯：“全球不平衡：从储蓄与投资的角度”，《世界经济展望》（政策研究工作文件第 3400 号（华盛顿：国际货币基金组织），2005 年 9 月。

巴里·J·德隆：“二十一世纪第一个十年的生产力增长”，国家经济研究局《宏观经济学年刊》第 17 卷，M·格特勒和 K·罗格夫编（马萨诸塞州剑桥市：国家经济研究局），2002 年。

尚塔亚纳恩·德瓦拉贾、维纳亚·斯瓦鲁普、邹恒甫：“公共支出组成与经济发展”，《货币经济学杂志》，1996 年，第 37 卷，第 313—344 页。

罗伯特·吉马良斯、奥拉夫·恩特罗博拉斯特尔：“什么因素推动着马来西亚的私人投资？总体趋势与公司层面证据”，国际货币基金组织工作文件 06/

190 号（华盛顿：国际货币基金组织），2006 年。
理查德·希尼、古贺千年、B·奥利弗、A·特兰恩："日本的规模效应与衍生品使用"，金融 99—02 的工作报告（澳大利亚国家大学：堪培拉），1999 年。
M·霍里："金融危机后的投资复苏"，国际货币基金组织国家报告第 08/194 号（华盛顿：国际货币基金组织，6 月），2008 年。
谢昌泰、彼得·克莱诺："相对价格与相对繁荣"，《美国经济评论》，2007 年，第 97 卷第 3 期，第 562—585 页。
国际货币基金组织："亚洲的投资减少"，《区域经济展望：亚洲和太平洋地区》（华盛顿，5 月），2006 年。
国际货币基金组织："储蓄与投资：新兴亚洲与新加坡的视角"，国际货币基金组织国家报告第 06/151 号（华盛顿，5 月），2006 年。
国际货币基金组织："金融危机中的投资恢复：从跨国经验中得到的观点"，国际货币基金组织国家报告第 07/231（华盛顿，7 月），2007 年。
国际货币基金组织："什么决定了韩国的投资"，《韩国的若干问题》，国际货币基金组织国家报告第 08/296 号（华盛顿，9 月），2008 年。
国际货币基金组织：《区域经济展望：亚洲和太平洋地区》（华盛顿，11 月），2008 年。
国际货币基金组织：《区域经济展望：亚洲和太平洋地区》（华盛顿，10 月），2009 年。
国际货币基金组织："提高中期增长：投资可以发挥什么作用?"《日本的若干问题》，国际货币基金组织国家报告第 10/212 号（华盛顿），2010 年。
国际货币基金组织："日本：2010 年条款 IV 咨询工作报告"，国际货币基金组织国家报告第 10/211 号（华盛顿），2010 年。
罗伯特·延森："数字供应：印度南部渔业部门的信息（技术）、市场表现和福利"，《经济学季刊》，2007 年，第 122 卷第 3 期，第 879—924 页。
肯尼思·姜、宋毅金："韩国中小型企业的重组策略"，国际货币基金组织国家报告第 06/381 号（华盛顿：国际货币基金组织，10 月），2006 年。
保罗·克鲁格曼："收益增长与经济地理"，《政治经济学杂志》，1991 年第 99 卷第 3 期，第 483—499 页。
格雷格·林登、肯尼思·克雷默、杰森·戴德里克："谁在全球创新网络中获得了价值？苹果 Ipod 的例子"，《美国计算机协会通讯》，2009 年，第 52 卷第 3，第 140—144 页。
埃里克·鲁斯、查特·斯坦伯格、穆尔塔扎·赛义德："中小型企业支持方案的出口"《区域经济展望：亚洲与太平洋地区》（华盛顿：国际货币基金组织），2009 年 10 月。
麦肯锡公司："亚洲的金融部门——不断变化的状况"，在《亚洲银行与金融大会》上的发言，旧金山联邦储备银行，2010 年 6 月。
伯努瓦·梅赛鲁："流向亚洲的对外直接投资：巨龙挤走了老虎吗?"国际货币

基金组织工作文件第05/189号（华盛顿：国际货币基金组织），2005年。
阿迪尔·莫霍默德、帕帕·恩迪亚耶、奥拉夫·恩特罗博拉斯特尔："亚洲是否需要重新平衡?"《区域经济展望：亚洲与太平洋地区》（华盛顿：国际货币基金组织），2010年4月。
约翰·诺雷加尔、特赫米纳·可罕：《税收政策：近期趋势》，国际货币基金组织工作文件第07/274号（华盛顿：国际货币基金组织），2007年。
兰特·普里彻特："公共投资的成本并非公共资本的价值"，政策研究工作文件第1660号（华盛顿：世界银行），1996年。
C·兰加亚南："2010/11的经济展望"（新德里：总理的经济咨询委员会），2010年，网址：http://eac.gov.in/.
斯戴芬尼·斯特劳勃："发展中国家的基础建设和经济增长：近期发展与研究挑战"，政策研究工作报告第4460期（华盛顿：世界银行），2008年。
斯戴芬尼·斯特劳勃、查尔斯·威鲁蒂尼、迈克尔·沃尔特斯："东亚的基础建设和经济增长"，政策研究工作报告第4589期（华盛顿：世界银行），2008年。
维纳亚·斯瓦鲁普："基础建设的公共资助：选择与问题"，政策研究工作报告第1288期（华盛顿：世界银行），1994年。
植杉威一郎、堺孝司、盖伊·山城："日本信贷市场中信用保证的效力"，独立行政法人经济产业研究所讨论文件第06-E-004号，（东京：经济贸易与产业研究所），2006年。
安东尼·维纳布尔斯："经济地理的变化及其原因"，《堪萨斯城联邦储备银行研讨会》上的发言，新经济地理：效果及政策影响，2006年8月（网址http://KansasCityFed.org）。
世界银行：《发展所需的基础建设》，《世界发展报告》（华盛顿），1994年。
阿仑·杨："应对东亚发展中的现实数据"，《经济学季刊》，1995年，第110卷第3期，第641—680页。
贺韦尔·H·泽伊、珍妮特·G·斯托思基、艾杜亚度·莱："商业投资的税收激励：给发展中国家决策人的启蒙"，《世界发展》，2002年，第3卷第9期，第1497—1516页。

第二部分

重新平衡中国增长：减少对出口的依赖，增加对消费的依赖

第四章

中国的外向型发展模式是否具有可持续性

引言

在过去30年中，中国始终保持快速增长。1980—2008年的平均增长率均在10%左右。但是国际金融危机却中断了这一进程。2009年第一季度，中国GDP增长跌至6.5%。不过此后采取的财政和货币刺激政策促使GDP有所回升。增长率的急剧下滑折射出中国经济对出口，特别是向经济发达国家出口的依赖。这是多年来改革开放以及市场化不断深入的结果。面对今后的发展，人们自然会问，这种外向型增长模式在中长期是否具有可持续性。考虑到大萧条后全球需求的减少，这的确是一个非常重要的问题。中国政府已经认识到了这一问题，并采取相应措施，重新平衡经济增长，转向由国内需求，特别是个人消费推动经济增长。此外，还采取措施增加基础设施投资，同时减少家庭预防性储蓄。

就此，本章分析了中国外向型发展模式在中长期的可持续性问题。首先，通过对其他国家大量历史经验的回顾，深刻分析了外向型发展模式的可持续性及局限性。其次，从支出和生产两方面，研究了外向型模式对中国经济增长结构的意义。同时，根据所需主要出口行业的发展，以及国际市场吸收能力对中国的潜在约束，从全球角度对这些意义进行了分析。最后，本章讨论了在中长期时间内，更具有可持续性的其他发展模式。

本章的主要结论包括：

- 对中国而言，只有快速增加出口并占有大量市场份额，才能维持目前的外向型增长模式。但在目前全球经济复苏缓慢、经济增长可能继续下滑的情况下，实现这两个条件非常困难。
- 我们就目前中国外向型增长对钢铁、船舶制造以及机床等中国主要出口行业产生的影响，进行了实例分析。由此建议，为了获得更多的市场份额，中国必须在中期内接受这些产品的大幅度降价。可以通过综合利用以下三个渠道，下调产品价格：（1）增加相关生产力，以保持成本低于竞争对手；（2）压缩公司利润空间；（3）继续实行价格扭曲，增加直接或间接性补贴。假使上述三种渠道均可行，事实证明，即便综合采取所有措施，出口增加的规模在未来几年中仍很难达到需要。
- 如果进一步增加出口，可以提升增值链，进入新的行业，改变出口结构，丰富出口基地，通过减少对进口部件的依赖来增加出口产品的国内附加值，并促进全球化。实际上，同五年前一样，目前占据领先的出口业，只是中国各行业中较小的一部分。但是，考虑到亚洲其他采取外向型增长模式的国家的经验，如日本及韩国，如果中国继续采取外向型增长模式，上述改变不足以帮助其长期占有所需的市场份额。
- 通过结构调整和减少预防性储蓄来增加长期个人消费，将为增加产出提供强大的动力，同时可以减少对增加市场份额的需求。这样，就可以使贸易领域的生产力直接针对国内市场，并让新增生产力服务于国内消费者。由此可以避免过度依赖出口所产生的限制。我们在主要出口国，如日本及韩国都可以看到这种情况。

中国目前的增长模式

中国的经济增长主要依赖国外需求及投资。而投资则主要集中在制造业。其依赖程度也逐年增长。2001 年至 2008 年，净出口及投资主要集中在贸易领域的建筑能力上。约占中国经济增长的 60%。而 20 世纪 90 年代仅占 40%（图 4.1）。这个数字远远高于 G7 国家

（16%）、欧元区（30%）以及其他亚洲国家（35%）的同期平均水平。

图 4.1

中国：对发展的贡献，1998—2008 年

（占总增长百分比）

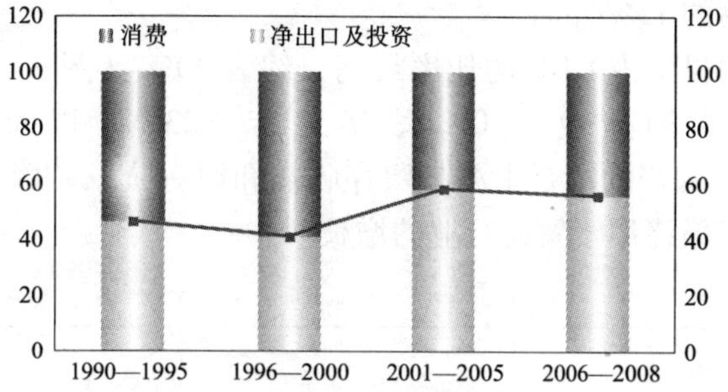

资料来源：CEIC 数据有限公司和 IMF 工作人员估算值。

图 4.2

出口对 GDP 增长贡献估算

（占 GDP 总增长百分比）

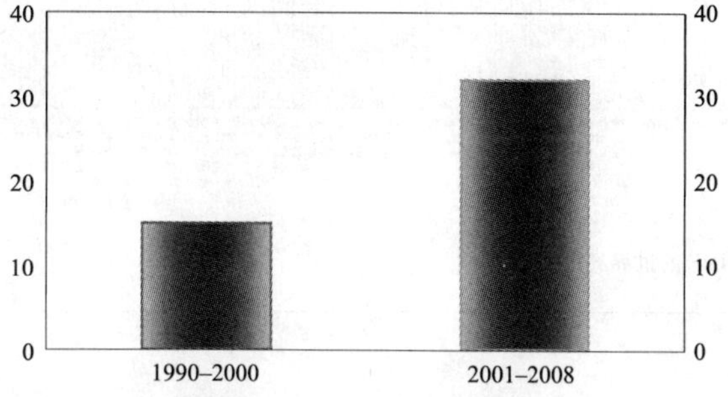

资料来源：CEIC 数据有限公司和 IMF 工作人员估算值。

就生产而言，据估计，目前的出口占生产增长附加值的30%左右。20世纪90年代则为15%（图4.2）。[①] 这对于中国的经济规模而言，是非常惊人的。如此大的比例反映了出口的快速增长（经济危机之前，从20世纪90年代底至今，平均增速为18.5%），以及出口产品中国产因素的增加。这也带动了中国在国际市场中份额的大幅增加。中国产品出口在全球产品出口中的比例，从1999年的3.5%增至2009年的9.75%。照此发展下去，中国出口在2015年将占世界贸易的15%左右。

中国的投资占GDP的比率最高，约为40%（图4.3）。投资的主要行业为制造业（30%）、房地产（23%）以及基础设施（18%）。而融资的主要来源是留存收益和银行贷款。因此，约三分之一的投资最终用于贸易行业的增长。

图4.3

投资占GDP比例，2004—2008年

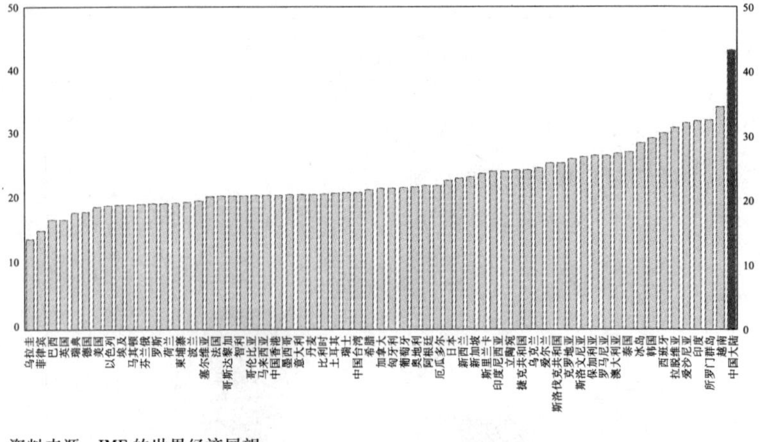

资料来源：IMF的世界经济展望。

① 上述估算中，既包括出口的直接附加值，也包括非直接附加值（通过消费和投资实现）。数据来自于库普曼、王和魏（2008）对加工和非加工贸易的国内附加值及所占出口份额的估计。不过这些数字有很大的不确定性。哈梅尔斯、石井和义（2001）的研究表明中国出口中的国内附加值更多，而何及张（2008）的却很少。崔、舒和苏（2009）估计，出口每增长10%，GDP增加2.5个百分点。在我们的计算中则表明，出口占GDP增长的45%。

出口及投资充分利用了成本优势，包括低资金成本，低设备、低污染、低能源和低土地成本、税率优惠以及显著低估的汇率。不过制造业的相对生产力也获得了快速的提高。我们估计 2002 年至 2007 年，全要素生产率每年平均增长 6.25%。就整体经济而言，我们估计该时期生产力平均增长 3.33%，约为经合组织国家平均增速的三倍。①

我们能从其他国家学到的经验

中国并不是唯一采取外向型增长模式的国家。韩国、日本以及亚洲新兴工业化经济体都在相当长的时间内保持了出口及市场份额的增长（图 4.4）。从表面上看，根据这些国家的经验，中国应该还有一定的空间。但是我们也可以清楚地看到在增加市场份额方面的局限性。只有少数国家在市场份额上升到一定程度后，仍能保持较高的出口增长率。就出口增长率和增加国际市场份额而言，日本是唯一能够同时实现 10% 左右增长的亚洲国家。不过当市场份额下滑后，其出口增长也随之结束（图 4.5）。

图 4.4

一些国家经济腾飞后的货物出口情况

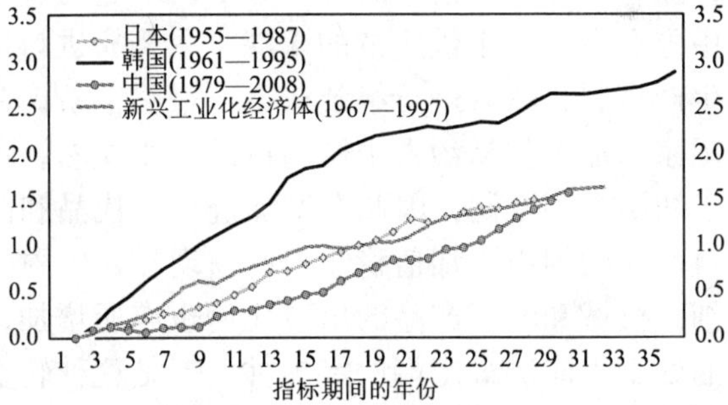

资料来源：CEIC 数据有限公司和 IMF 工作人员估算值。

---

① 杨（2003）认为，1978 年至 1998 年，在对官方 GDP 增长进行调整，并对劳动力和人力资本作了更为认真的计算后得出，中国的全要素生产率每年仅增长 1.4%。但是更多使用不同方法和数据的研究表明，在实行改革后，每年的全要素生产率增长范围应在 2%—4%之间（麦迪森，1998；郑和胡，2006；周和李，2002；及库吉斯和王，2006）。OECD 平均全要素增长率的数据来自经合组织的数据手册以及 2008 年经济、环境与社会统计。

图 4.5

一些国家出口增长后的市场份额占有情况

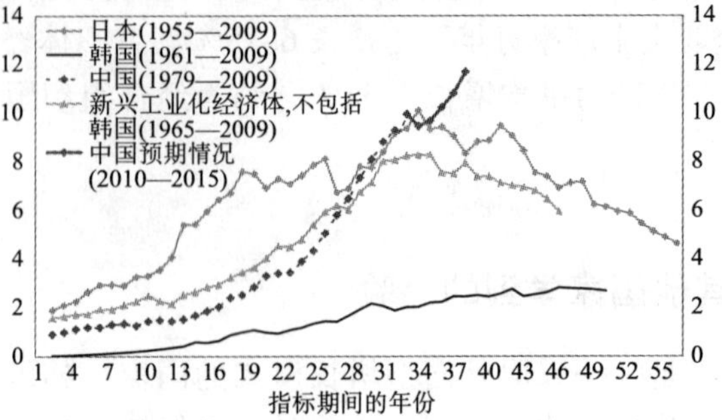

资料来源：CEIC 数据有限公司和 IMF 工作人员估算值。

在对出口增长期进行研究时，我们会清楚地看到出口产品结构的变化。如日本、韩国等国家都逐渐增加了高附加值产品的出口。以日本为例，在 20 世纪 60 年代，纺织等低附加值产品占全部出口的 25% 左右。而机械产品，包括交通设备和精密仪器等，占 40%。日本扩大出口的时间迄今为止为各国之最，一直延续到 20 世纪 80 年代。此时纺织品仅占全部出口的 4% 不到。而机械产品所占份额则增至 70%（图 4.6）。

近几年，随着亚洲生产进行的垂直分工，中国的贸易结构也在不断变化。中国在东亚处于供应链的末端。主要靠进口原材料、中间产品以及生产资料，然后进行组装或生产最终消费产品，再出口给第三世界国家。加工贸易约占中国出口的一半左右，占进口的三分之一。由于初期受到限制，因此在增加进口替代品和高科技产品后，中国出口产品的国内附加值稳步提高。现在，中国的出口产品已经更加精细，机械和电子产品的出口比例也有所增加，并能够自主生产更多的处于供应链最底端的零配件。但是这种转变在其他经济外向型国家也出现过。而且事实证明，这种转变并不足以维持其市场份额占有率的长期增长。

必须承认，在其他采取外向型增长模式的国家，扩大国际市场还受到各种辅助因素的影响。在日本，这些因素包括过高的资产价格、房地产市场的快速信贷增长以及金融调控和监管体系之间的差异等。不过，由于中国政府尽力避免建筑相关行业、产权投资市场及房产市场的经济泡沫，因此目前这些因素对中国的经济没有产生

图 4.6

中国、日本及韩国出口结构变化

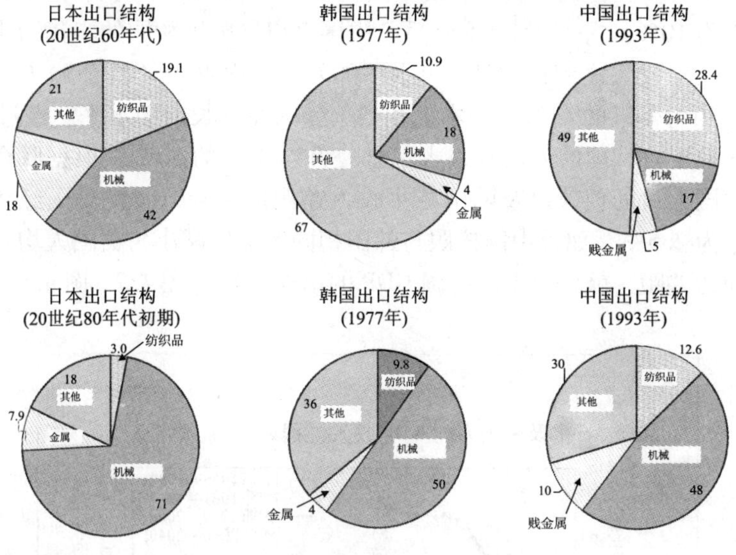

资料来源：CEIC 数据有限公司、日本统计局和 IMF 工作人员估算值。

什么影响。所以相比起其他长期采取外向型经济模式的国家，中国也许会更加成功。但是在一些出口相关领域的情况却不容乐观。投资收益少于预期会降低银行的信贷质量，并最终减缓发展速度，造成准财政影响。

中国是否可以继续维持外向型经济发展模式

中国是否可以在相当长的一段时间内，继续维持外向型的发展模式呢。为了回答这一问题，我们采用了情景说明法，设想中国在中期内可以维持外向型经济发展。条件是 2010 年至 2015 年，全球贸易仍保持 6.5% 的年增长率，此后的增长率为 7%。我们试图通过该情景：（1）指出中国出口的中期发展道路；（2）将发展道路与国际经济吸收能力进行比较；（3）在更细的分类上，以其他出口产业保持目前市场份额为条件，指出钢铁、船舶制造和机械等主要产业的出口发展道路。

中期出口发展道路

第一步：首先，我们假设中国2010年至2015年的实际GDP增长率为10%。并假设2015年后，中国会以同韩国相同的步伐缩小与美国人均收入之间的差距。中国2009年人均收入（基于购买力平价）约为美国的14%，基本上相当于韩国在增长前的水平。经过30年的发展，韩国的人均收入水平已经升至美国的50%。根据联合国对中国人口的预计以及韩国减小收入差距的途径，假设美国经济增长率为2.5%，如果中国按照与韩国相同的速度减小与美国人均收入之间的差距，就可以得出中国GDP的增长途径（图4.7，图4.8）。

图4.7

中国、日本及韩国人均GDP收敛过程

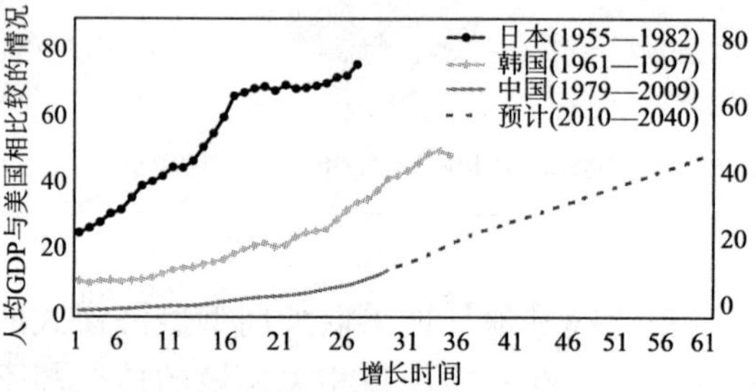

资料来源：CEIC数据有限公司和IMF工作人员估算值。

图4.8

中国：实际GDP增长（1980—2010年）及增长预期

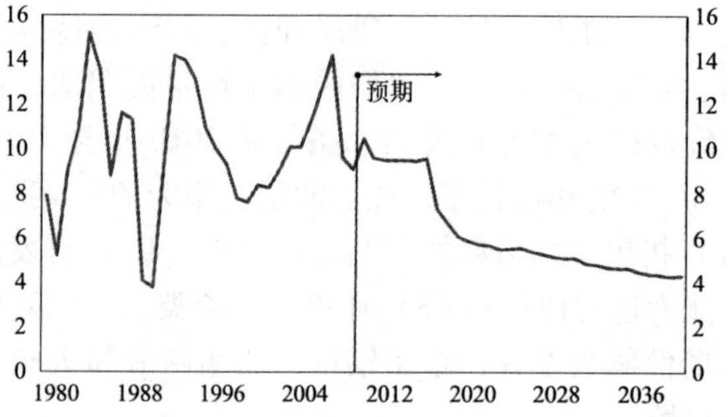

资料来源：CEIC数据有限公司和IMF工作人员估算值。

根据我们的设想，2010 年至 2020 年，中国的产量将以平均 8.25% 的速度增长，此后的增长率为 5%。总体来说，随着中国更加富有及劳动力减少，其产出增长速度也将逐渐放慢。在此情况下，2010 年至 2040 年，中国实际 GDP 将增长近 7 倍。到 2040 年，中国将占世界经济的 17%，相当于美国的两倍。

第二步：我们假设，2016 年至 2040 年，消费将随产出增长而增长。如果不考虑结构改革，如医疗改革、养老金改革以及教育改革的增长情况，这种假设是完全合理的。因为这些改革将减少较高的家庭预防性存款。不过相比较而言，1990 年至 2009 年期间，消费的平均增长速度低于产出速度。另外，最新数据表明，中国家庭存款中，老年人的存款更多，因此老龄化问题将影响存款率的减少（图 4.9）。

第三步：根据按照第一步得到的增长途径所计算的股本以及联合国的人口预期，并假设全要素生产率增长率为 3%（与过去 10 年持平），确定投资情况。股本是根据标准增长核算法计算的。投资是按照永续存货法得出的。

第四步：计算净出口额及其组成。净出口额是在扣除 GDP（第一步）中的消费和投资（第二步）后得出的。假设对一般贸易（不包括加工贸易在内的其他贸易）进口需求的不变弹性为 1.7 左右，由此得出了一般出口的发展路线。该假设意味着出口产品的国内附加值将不断增加，因此出口额是净出口与进口的剩余部分。

图 4.9

中国：1990—2005 年根据户主年龄计算的平均存款率

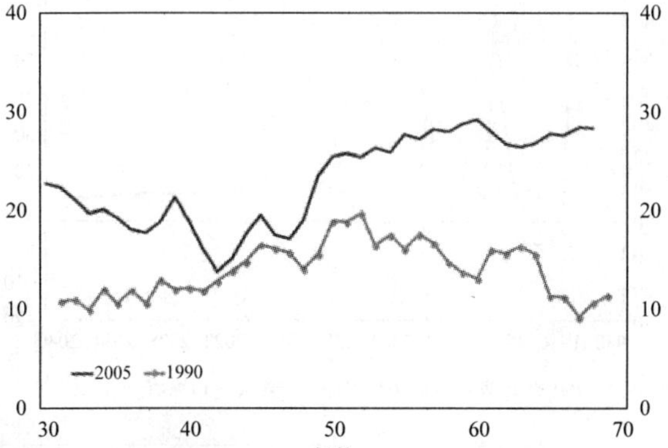

资料来源：夏蒙和普拉萨德（2010）。

在此情景下，所估算的进口与出口增长情况见图 4.10 及图 4.11。在出口与进口适度增长的情况下，在今后几年内仍将有上升空间。在目前的外向型发展模式下，为了追上美国的收入水平，2011 年至 2020 年，实际出口增长应保持在年均 14% 左右，而进口增长率则应适当低于该水平（经常账户余额达到了 GDP 的 15%）。根据此趋势，到 2040 年，中国出口量占世界出口量的比例将稳定在 23% 左右，是目前的两倍（图 4.12）。

图 4.10

中国：实际货物及服务出口情况，1980—2010 年及预测情况

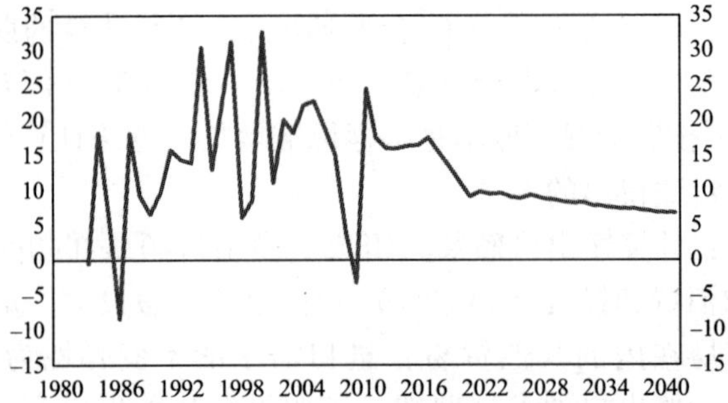

图 4.11

中国：实际货物及服务进口情况，1980—2010 年及预测情况

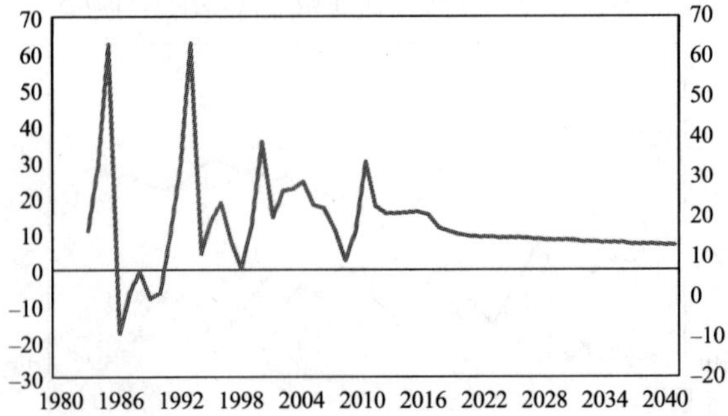

资料来源：IMF 的世界经济展望数据库及工作人员估算值。

图 4.12

中国：世界贸易市场份额，1980—2010 年及预测情况

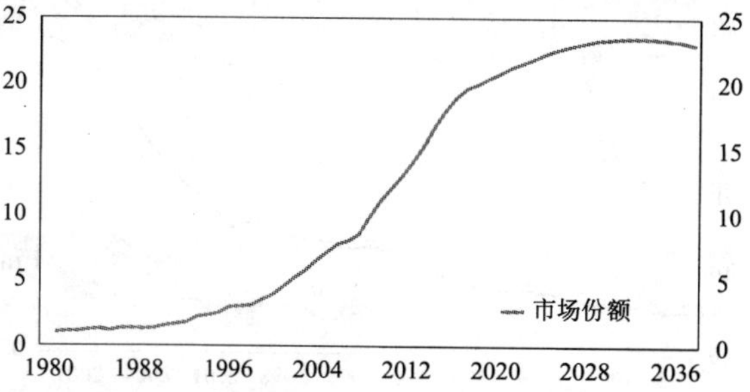

资料来源：IMF 的世界经济展望数据库及工作人员估算值。

主要出口行业前景及价格建议

中国在今后 30 年是否能获得世界出口总额的 20% 以上呢？为了回答这一问题，我们研究了对实现这一目的具有决定性作用的几个主要行业。研究主要集中在钢铁、船舶制造以及机床（属于广义的机械范畴）行业。在这些行业中，中国既具有明显优势，也具有很大的发展潜力。我们在假定中国其他出口行业仍能保持目前的市场份额，而上述行业也保持与国际贸易相同的增长后，得出了这些行业的中期发展路线。①这三个行业市场份额的增长，促使出口的实际增长率达到平均 14%。2011—2020 年的平均增长率可以达到 17.5%。因此，可以通过估计出口需求函数、以上各产品的国际需求以及国际需求的价格弹性得出价格内涵。当然，这只是一种具有说明性的情景。对中国来说，实际增长的可能不是这三个行业，而是绿色能源、生物科技，甚至是其他还没有广泛商业化的产品。我们只是想说明可贸易品国际市场份额的快速增长及风险所带来的巨大挑战，特别是在产能过剩和不良贷款上升方面的风险。

钢铁业

中国的钢铁业促进了国际市场的发展。2008 年，中国粗钢产量约为 5 亿吨，占全世界的 40%。而在 20 世纪 80 年代初期只占全世界的 5%（图 4.13）。根据国际钢铁协会的统计，2008 年，中国的

① 在下一节将对这部分的主要假设进行敏感性分析。

图 4.13

中国占世界产量的比率，1980—2007 年

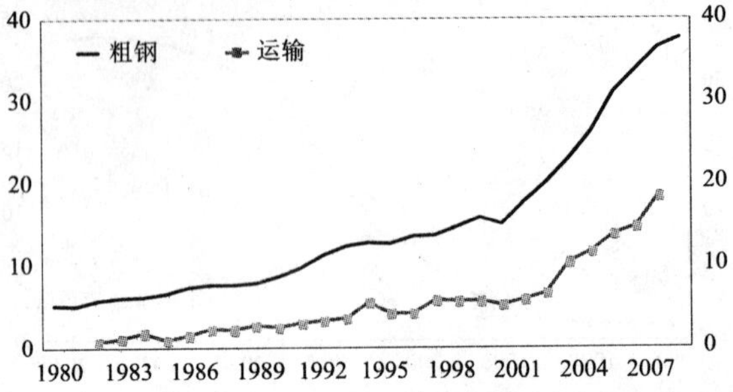

资料来源：国际钢铁协会、劳埃德船级社和 IMF 工作人员估算值。

钢产能约为 6 亿吨，占全世界的 40% 左右。随着中国城市化的进一步扩大以及经济的持续发展，钢铁业的收益将主要来自于国内需求，而且也将主要用于供应国内市场。尽管如此，近几年，随着中国成为世界第一大出口国，其在国际市场中发挥的作用仍不断提高。2006 年，中国钢铁出口量达到全世界的 14%。

我们对产业的分析包括对出口需求及价格弹性的假设（表 4.1）。由于所能获得的数据有限，我们根据阿齐兹和李（2007）的价格估算确定了出口价格弹性。对于需求弹性，考虑到中国在世界

表 4.1

基线弹性假设

	需求	价格
钢铁业		
出口	2.0	-1.6
世界需求		-0.3
造船业		
出口	2.0	-0.4
世界需求		-1.0
机床		
出口	2.0	-1.6
世界需求		-1.0

资料来源：IMF 工作人员估算值。

钢铁市场上的地位，我们将阿齐兹和李的估算打了对折。如果中国获得更多的市场份额，弹性可能会下降，因此我们的假设看起来还是比较保守的（价格偏高）。[①]根据温特斯（1995）的估算，国际钢铁需求的价格弹性设定为 -1/3。对于国际钢铁需求的增长，除了价格影响，我们主要考虑的是国际钢铁协会的中期预测（每年 3% 左右）。对于钢铁工业的投资需求，是通过假设资本产出比并使用永续存货法得出的。

根据我们的假设，出口增长所需要的 17.5% 增长率中，9 个百分点可以通过更高的外部需求来实现，而其余的则需要由降价和提高市场份额来完成。2011—2020 年，由于中国出口量的增加，国际价格需要累积下跌43%（表4.2）。2020 年，中国的产量将占世界产量的 50%。此外，在此情况下，还需要增加 90% 的投资来扩大产能。目前钢铁业的利润率为 5.5 个百分点左右，如果不提高生产力或降低成本，两年之内这点利润率也会丧失殆尽。因此，在 2012 年要想实现钢铁出口的增长非常困难。

造船业

以吨位计算，中国的船舶制造居世界第三。排在前两位的是韩国和日本。2008 年，中国的船舶制造总吨位为 1390 万。韩国为 2640 万，日本 1870 万。根据劳埃德船级社的计算，随着其产量的快速增长，中国船舶的订单量已占世界订单的三分之一左右，仅次于韩国（占世界订单的 37.1%），位居第二。中国在增值链中的位置迅速上升。除了散装货轮及基础油轮外，还可以生产精密船舶，如大型油轮、液化天然气运输船以及高速集装箱货轮等。政府希望到 2015 年，中国在船舶制造方面能有更大的作为。而目前的数据恰恰印证了这一点。

在进行行业分析时，我们利用了有关中国出口、世界船舶制造以及船舶价格指数的数据，[②]对需求和价格弹性进行了估算（分别为 2 和0.4，见表4.1）。在计算国际船舶需求时，我们首先从国际贸易量倒推出世界船舶数量，从而得出库存船舶量，然后根据估算出的

---

① 在极限情况下，中国钢铁占市场份额达到 100%，需求弹性也不会超过 1。

② 考虑到能源价格对船舶需求的影响，在计算公式中也加入了油价因素。油价系数估计为正 0.3。也就是说，能源成本上升将增加对船舶的需求。但是在统计方面，对于标准水平影响不大。

表 4.2

维持中国增长战略的条件
（百分比）

	2008	基线 2011—2020
产量（占世界产量的百分比）		
钢铁	36.1	54.1[a]
船舶制造	18.4	47.2[a]
机床	17.0	44.6
过剩产能使用率		
钢铁	16.6	-68.9
船舶制造		
机床		
年投资增长		
钢铁	12.3[b]	8.8
船舶制造		9.3
机床	34.7	15.0
年平均利润		
钢铁	3.5	
船舶制造	9.6	
机床	6.4	
情景：出口平均年增长		
钢铁	48.6[b]	17.6
年平均世界需求		5.8
累计需要价格改变		-54.7
船舶制造	31.5	17.6
年平均世界需求		11.8
累计需要价格改变		-79.9
机床	14.7	17.6
年平均世界需求		12.3
累计需要价格改变		-28.7

资料来源：IMF 工作人员估算值。

a 期末值。

b 2005—2008 年平均值。

库存船舶量推算出新船流量，最终估算世界船舶需求约为 7.5%。① 计算船舶业的投资需求所使用的方法与钢铁和制造业相同。

根据以上估算，在 17.5% 的出口增长中，大约 16.5 个百分点可

① 根据 1989—2007 年的数据，估计年折旧率为 2%。

以通过国际需求的增加来实现，而剩下的部分则需要通过降低船舶价格，并增加中国的市场份额来完成。由于中国出口的增加（表4.2），2011—2020年，世界价格将累计下降21%。2020年，中国的船舶产量将占世界总产量的40%左右。此外，为了增加生产力，需要增加9%的投资。与钢铁工业不同，船舶制造业的利润率相对较高。在未来五到七年中，不用增加生产力和降低成本，也可以实现出口增加。

机床

机械是中国最大的出口行业，占总出口额的比例超过40%。机械行业产品浩如烟海，因此我们仅集中讨论机床行业。2008年，中国机床生产占全世界的17%，比2007年增加了43%。最新数据表明，中国在2009年可能已经超过德国和日本，成为世界第一大机床生产国。由于中国仍是世界最大的机床消费国，因此也能吸收全世界四分之一的新设备价值。中国在出口市场中的作用在不断提高。2008年，中国机床出口占全世界的4.75%，并且具有不断增长的发展潜力。

在对该行业进行分析时，我们假设对机床的需求弹性与对船舶的需求弹性相同。但是由于目前中国在机床市场中发挥的作用较小，因此我们假定价格弹性相对较高（等于阿齐兹和李，2007估算的总价格弹性）。我们所估算的需求弹性明显偏高。根据世界增长预期（每年4.75%）以及世界增长为1时的弹性估计进行计算，我们预计机床需求增长约为6.25%（见表4.1）。我们按照与钢铁工业相同的方法估算对机床业的投资需求。

根据上述假设，在17.5%的出口增长中，大约15个百分点可以通过国际需求的增加来实现。而由于中国出口的增加，2011—2020年，国际价格要降低近14%（见表4.2）。到2020年，中国机床产量将占世界总产量的37.5%。此外，为了提高生产能力，每年需要增加15%的投资。利润率（6.5%）与钢铁工业相同，如果不增加生产力和降低成本，降价的空间也会很小，但可以维持大约四年左右。

敏感性分析

该部分将对上述情景说明所得出的结论进行敏感性分析。包括中国竞争对手的行动、价格弹性、世界增长情况、出口结构、出国产品国内附加值以及国际收支经常项目顺差（表4.3）。

表 4.3

维持中国出口增长战略的条件

（百分比）

	2007	2011—2020 增加供应	低世界需求价格弹性	高世界需求价格弹性	高世界增长	低世界增长	出口多样化	国内附加值增长	持续的国际收支经常项目顺差
情景：出口平均年增长									
钢铁	66.6[a]	17.6	17.6	17.6	17.6	17.6	14.9	15.8	13.6
年平均世界需求		9.7	5.8	10.9	9.9	8.2	8.3	8.6	8.0
累计需要价格改变		-48.8	-54.7	-35.5	-39.8	-46.3	-35.1	-38.0	-44.8
船舶制造	31.5	17.6	17.6	17.6	17.6	17.6	14.9	15.8	13.6
年平均世界需求		18.3	11.8	17.0	17.0	16.2	14.4	15.1	13.3
累计需要价格改变		-27.7	-79.9	-12.2	-13.1	-28.9	-11.9	-15.3	-20.9
机床	14.7	17.6	17.6	17.6	17.6	17.6	14.9	15.8	13.6
年平均世界需求		16.6	12.3	16.0	16.3	14.1	13.7	14.2	13.0
累计需要价格改变		-19.6	-28.7	-9.0	-7.6	-19.5	-7.0	-9.4	-9.9

资料来源：IMF 工作人员估算值。

a 2005—2007 年平均值。

竞争对手提高产能

该情景最基本的假设是，其他国家不会对中国的出口增长做出积极回应，而仅仅是占有剩余的国际需求。不过，如果其他国家根据对钢铁、船舶以及机床的潜在需求（分别为3%，7.5%和4.75%）扩大各自的生产能力，则价格会进一步下跌。那么中国将更难实现所需的出口增长。

价格弹性

即使对世界需求的价格弹性进行其他假设，上述结论的性质也不会改变。如果假设世界需求完全不具有弹性，那么价格自然在所有三种情况下都会进一步下跌。但是如果世界需求更具有弹性（比基本情景高两倍），那么价格就不会降低太多。但是就以上三个行业而言，这种假设不太现实。由于所出口商品属于资本品，通常价格弹性较低。

世界增长

另外一种假设是，认为世界需求增长率比基本情况高20%或低20%。如果需求高于基本情况，则钢铁和机床，特别是钢铁的价格必须大幅下降，市场才能为中国出口增长提供足够的空间。在这种情况下，对于船舶价格的压力相对较小。但是如果其他船舶制造国也提高产量的话，对船舶价格的压力仍然很大。还有一种情况是，如果需求增长比基本假设情况低，相对于基本情况，三个行业，特别是船舶制造，也需要降低价格。

出口多样化

进一步增加出口结构多样化是更具有可持续性的战略。实际上，如果可以通过增加所有出口行业（平均年增长9%）来完成中期总出口增长的话，对于中国主要出口行业的降价压力会相对较小，尤其是对机械行业而言。甚至对于船舶制造等行业，如果国际需求强劲，甚至还有涨价可能。不过对于钢铁行业而言，大幅降价明显是不可避免的。当然，如果中国需要满足对新产品的需求，那么则无需进行降价。这种情况并不在我们的讨论范围。

增加国内附加值

增加中国出口产品的国内附加值，可以为中国的外向型发展提供更多的空间。不过这种方法还是不具有相当大的可持续性。如果假设，到2020年，进料加工占总进口的比例下降至五分之一

(2008 年占总进口的三分之一)，那么中国的总出口可以比基本情况增加 1.5 个百分点，其主要出口行业也无需增长太多（大约 1.75 个百分点）。尽管如此，为了获得所需要的市场份额，仍需大幅度降低价格。

稳定的经常项目顺差

最后一种情景就是假设在 2016—2020 年，经常项目顺差能维持在 GDP 的 10%（与增加至 GDP 的 15% 相比较），同时假定 GDP 及消费情况与基线情况相同。那么正如我们的预料，出口增长将低于基线情景。这一结果说明，即使是在这种情景下，也必须降低价格以获得市场份额。对于钢铁业尤其如此。

不打破国际吸收约束而维持增长

正如情景中所显示的，为了维持外向型增长模式，需要结合以下三种措施以确保出口继续增长：(1) 大幅度增加主要出口行业的生产力，获得比竞争对手更低的成本；(2) 继续压缩利润空间；(3) 同时通过价格扭曲继续提高直接或间接补贴。但是，由于以下原因，以上三种措施在实施过程中会遇到越来越多的障碍：

- 近几年，生产力的发展速度逐步减缓，投资的回报空间也越来越小。这表明，在一些主要经济部门尤其是制造业，出现投资过热现象。同时，中国也在进一步上升至生产前沿。
- 目前利润仍处于相对健康的水平，因此降低主要出口行业的利润率，可以为出口增长提供一定空间。但是，在获得所需要的市场份额前，就会把利润空间消耗殆尽。对于很多行业来说，无须几年，这种情况就会发生。
- 通过进一步实行价格扭曲和提供补贴来降低资金成本以及提高贸易行业竞争力虽然可取，但是也具有相当的风险。如会给制造业注入更多的投资、增加不良贷款及贸易摩擦，并且会最终导致发展速度减缓。①

如果在相当长的时间内，中国的主要贸易伙伴不能如我们预期的一样恢复需求，而且需求水平大幅度低于经济危机前的水平，那

---

① 在中国的第十一个五年计划中，中国政府表明，到 2020 年，要成为世界船舶业最强的国家之一。中国政府计划通过更大的财政支持扩大生产力、巩固产业基础、投资支持研发以及扩大开放（包括与外国公司合作以及接受外国直接投资），来达到这一目的。

么我们所面临的困难会更大。降低从这些国家的进口需求自然也会减缓中国向其出口的增长速度。因此，中国的出口必须比我们的假设争取到更多的市场份额。

在这种情况下，对医疗、教育以及养老金制度进行改革等措施，可以减少预防性存款，提高个人消费，促进经济的可持续增长。如果假设个人消费可以替代部分净出口，从而使净出口在2011—2020年无须增长的话，那么就不用增加市场份额，也不用大幅降低国际价格，同时也减少了企业遭受损失以及降低信用质量的风险（表4.4）。在某些情况下，如果为了重新平衡经济发展，由高产的可贸易行业转向低产的非贸易行业从而导致GDP下滑，那么就不需要大幅增加出口。但是，如果是通过结构调整来平衡经济发展，这种情况可能就不会出现。因为诸如广泛使用信息和通讯技术（ICT）等因素，可以同时提高非贸易行业和贸易行业的生产力（恩迪亚耶，2010）。

表4.4

更多的消费以及零净出口增长

		2011—2020年平均值	
	2007	情景	基础情况
情景：出口平均年增长			
钢铁	66.6[a]	15.0	18.3
年平均世界需求		8.4	9.3
累计需要价格改变		-35.5	-45.1
船舶制造	31.5	15.0	18.3
年平均世界需求		15.0	17.8
累计需要价格改变		0.0	-12.8
机床	14.7	15.0	18.3
年平均世界需求		14.0	15.8
累计需要价格改变		-6.3	-14.5

资料来源：IMF工作人员估算值。

a 2005—2007年平均值。

（郭凯　帕帕·恩迪亚耶）

参考文献

贾汉吉尔·阿齐兹、李向明：“中国贸易弹性的变化”，国际货币组织工作文件，07/266 号（华盛顿：国际货币基金组织），2007 年。

巴里·波茨沃斯、苏珊·柯林斯：“印度与中国增长比较”，国家经济研究局工作文件 12943 号（马萨诸塞州剑桥市：国家经济研究局），2007 年。

马科斯·夏蒙、埃斯瓦尔·普拉萨德：“中国城镇居民储蓄率日益升高的原因”，《美国经济学杂志：宏观经济学》，2010 年，第 2 卷，第 1 期，第 93—130 页。

中国机床工具工业协会：《机床工具工业年报》（北京）。

邹至庄、李钜威：“中国经济增长：1952—2010”，《经济发展与文化变迁》，2002 年，第 15 卷，第 1 期，第 247—256 页。

国防科工委：《国家造船业年报》（北京）。

崔历、舒畅、苏小竞：“出口在中国经济增长中的地位”，香港金融管理局《中国经济问题》，1/09 号，2009 年 3 月。

何东、张文朗：“中国经济对出口的依赖程度以及从何种意义上说中国是出口导向型增长”，工作文件 814 号（香港：香港金融管理局），2008 年。

大卫·胡梅尔斯、石井润、Kei－Mu Yi：“世界贸易垂直专业化分工的性质和增长”，《国际经济学杂志》，2001 年，第 54 卷，第 75—96 页。

国际货币基金组织：《世界经济展望》（华盛顿，10 月），2009 年。

罗伯特·科普曼、王直、魏尚进：“对中国出口货物国内附加值的评估”，国家经济研究局工作文件 14109 号（马萨诸塞州剑桥市：国家经济研究局），2008 年。

路易斯·库吉斯、王涛：“中国增长模式：如何实现可持续性及抑制不平等性”，《中国与世界经济》，2006 年，第 14 卷，第 1 期，第 1—14 页

劳埃德船级社：《世界船队统计数据》。

安格斯·麦迪森：《中国经济的长远未来》（巴黎：经济合作与发展组织），1998 年。

帕帕·恩迪亚耶、张平、张文朗：“从新多区域模型角度看东亚及太平洋地区的结构改革、区域内贸易和中期增长前景”，《亚洲经济学杂志》，2010 年，第 21 卷，第 1 期，第 20—36 页。

经济合作与发展组织：“中国造船业”，造船工作组报告 C，工作文件 6 号/1 卷（巴黎），2008 年。

经济合作与发展组织：《2005 年中国经济调查》（巴黎），2005 年。

埃斯瓦尔·普拉萨德：“中国的增长及与世界经济的融合：前景与挑战”，国际货币基金组织临时文件 232 号（华盛顿：国际货币基金组织），2004 年。

美国：《世界人口展望：2008 年修订本》（纽约），2008 年。

L·艾伦·文特斯："欧洲钢铁行业自由化"，《欧洲经济评论》，1995 年 4 月，第 39 卷，第3—4期，第 611—621 页。
世界机床生产和消费调查、世界钢铁协会：《2008 年世界钢铁数据》（布鲁塞尔）（辛辛那提：加德纳出版公司），2009 年。
阿温·杨："中国生产力在改革期间的增长"，《政治经济学杂志》，2003 年，第 111 卷，第 6 期（12 月），第 1220—1261 页。
郑京海、胡鞍钢："对中国各省生产力的实证分析（1979—2001）"，《中国经济和商业研究》，2006 年，第 4 卷，第 3 期，第 221—239 页。

第五章

中国增长的重新平衡对就业率的影响

引言

正如第四章所述，越来越多的人感到中国的外向型发展模式，就中长期而言很难维持。转向以消费为基础的经济模式，让非贸易领域发挥比现在更大的作用，则更为可行。重新平衡中国的经济，需要在各个领域采取相应的措施。包括调整结构，为贸易行业和非贸易行业提供相同的发展空间，发展国内金融市场以及改善医疗和教育领域等的公共服务（布兰查德和吉亚瓦兹，2005；恩迪亚耶，张和张，2010）。包括中国政府在内的很多机构和个人都认为，上述措施可以有效提高个人消费，并将资源从外向型的贸易行业转向国内市场。

转向以个人消费为导向的经济发展模式，意味着对现有和新兴的服务行业会有更多的需求，同时使可贸易货物的生产更多针对国内需求。此外，在中国，这还意味着需要将大量不熟练的工人由贸易行业转向非贸易行业。采取这种方式，既会面临机遇也会面临挑战。不过这种方式在平衡经济方面所带来的长期效益，特别是经济的可持续性，已经得到了广泛的认同。尽管如此，我们必须为此付出短期代价，如就业率。因此，必须针对劳动力市场采取相应政策，降低就业率在过渡时期所产生的影响，特别是弥补由此产生的技术差距。

本章主要讨论了重新平衡中国经济发展对就业率可能产生的影响。第一部分介绍了中国劳动力市场的主要特点。第二部分估算了经济各部门的就业分配情况，并利用基于模型的模拟情景来测算重新平衡经济发展对就业的影响。

本章结论如下：

- 就长期而言，以内需为导向，重新平衡中国经济发展可能会增加总就业率。

- 但是就短期而言，由于经济从贸易部门向非贸易部门转移，可能会减少就业率。在贸易部门，由于盈利降低，公司会首先想到减少人员以适应更具挑战性的环境。由此减少的工作职位可以由非贸易部门创造的新工作得到部分的弥补。这些公司会看到更多的机会，而且会创造更多的业务。但是由于建设时间的限制，创造新工作的过程可能会比较缓慢，发展也相对滞后。
- 如果把从贸易部门向非贸易部门转移这一措施作为减少个人存款和发展国内金融系统的战略之一，那么可以大幅度缩减短期就业成本。

经济部门就业分配情况

本章通过国家统计局发布的就业数据，描述了各经济部门及地区的典型就业特点。中国的就业数据差距很大。就业数据主要有两个来源，一是劳动力调查，二是机构调查。在这两种调查中，就业人员均指年满 16 岁的个人。劳动力调查一年进行两次，涉及约一百万人左右。机构调查则涉及城市地区的两百万个单位（公司），不包括私有经济部门。劳动力调查数据每年公布一次，而机构调查则每季度公布一次。

各部门就业分配情况

截至 2007 年年底，第一、第二和第三产业分别占就业的 40. 75%、26. 75%以及 32. 3%。① 其中，建筑行业的就业人员约占第二产业的 15%。非贸易部门（指第三产业和建筑业）占就业的比例从 20 世纪 90 年代中期的 30%，上升到目前的约 36%。这说明了该经济部门在这几年快速发展（图 5. 1）。

20 世纪 90 年代末期，中国对国有企业进行重组，大约有 4 千万人因此下岗②。此后，非贸易部门迅速发展。有关对国有企业重组的事件研究表明，20 世纪 90 年代后，绝大部分工作都是由非贸易部门

① 所用的行业数据来自劳动力调查。

② 国有企业重组对劳动力的影响，详见加诺特等（2005）。

图 5.1

中国：贸易和非贸易部门就业比例，1996—2007 年

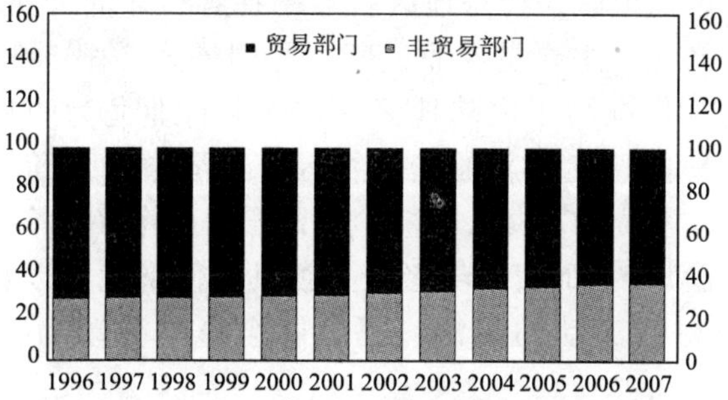

资料来源：CEIC 数据有限公司和 IMF 工作人员估算值。

图 5.2

中国：国有企业重组前后创造就业情况

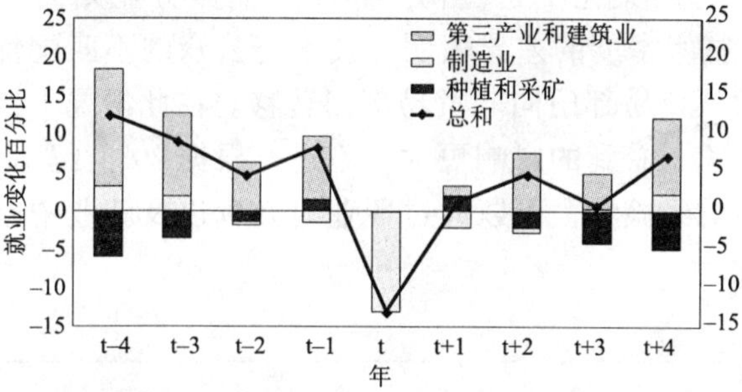

资料来源：CEIC 数据有限公司和 IMF 工作人员估算值。

创造的（图 5.2）。这主要是由于政府承诺要为下岗工人创造其他的就业机会。国有企业则必须成立再就业中心，为下岗工人提供补助和培训。世界银行 2008 年就业环境报告调查表明，中国总劳动力市场的灵活性要高于经合组织的平均水平，但是在“解聘工人支出”上，则表现较差。① 在市场允许的条件下，中国提高解聘支出，可能会减缓劳动力从贸易部门向非贸易部门流动。

① 从 0 到 100 的分数范围内（分数越高，说明表现越差），中国在总劳动力市场灵活性方面得分为 27 分，OECD 的平均得分为 31.4 分。

地区就业分布情况

相对于内陆地区，沿海地区就业率在各行业的分布更为均匀。其中，第一产业，主要是农业，所占比例最大（图 5.3）。沿海地区的工作增加情况高于内陆地区，在服务行业尤为明显。这主要是因为这些地区建立了新的经济特区，经济增长强劲，结构调整增加了竞争，开放了经济，并改善了贷款程序（布鲁克斯和陶，2003）。但是就今后而言，养老金是否具有便携性，以及对劳动力在城市和农村间流动的限制，都可能会影响劳动力在地区间的流动。

各部门就业人员的技术密度

在技术方面，80% 的劳动力都只接受过初中教育。而且女性的比例要高于男性。制造业就业人员的技术低于服务业。70% 以上的制造业劳动力的文化不超过初中水平。而服务业则为 35%—50%（表 5.1）。技术密度的差异表明，技术与公众的不匹配性，可能会阻碍劳动力从贸易部门向非贸易部门转移。在此情况下，女性工人可能比男性工人受到的影响更大。不过，根据 20 世纪 90 年代国有企业改革后的经验看，可以通过职业再教育以及就业中心来降低这种不匹配性。

图 5.3

中国：产业就业情况

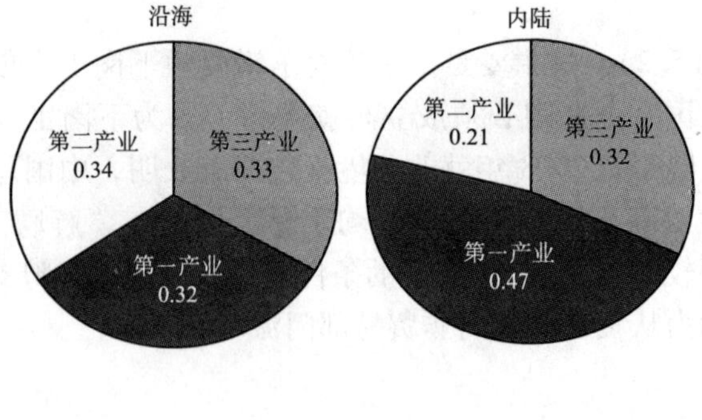

表 5.1

中国各部门人员受教育情况，2006 年

	总人数	制造业	服务业		
			加权平均[a]	加权平均[b]	简单平均
总人数	100.0	100.0	100.0	100.0	100.0
文盲	6.7	1.3	0.7	1.0	0.8
小学	29.9	15.1	7.3	11.1	7.7
初中	44.9	55.0	27.9	40.6	31.8
高中	11.8	21.0	25.4	24.5	27.0
大专	4.3	5.2	23.3	13.9	19.6
大学	2.1	2.2	13.7	7.9	11.6
研究生	0.2	0.2	1.7	0.9	1.6

资料来源：中国劳动统计年报。

a 加权使用的是城市地区的就业数据。

b 加权使用的是 2002 年全国部门就业数据。

各部门劳动力密度

第三产业的劳动力密度高于第二产业。第三产业的劳动生产力比第二产业（包括制造业）低大约 60%。因此，就相同产出而言，从制造业向第三产业转移，会增加就业率。但是，在制造业内部情况也很复杂，有些行业，如纺织和服装业的劳动力密度与第三产业相同。因此由这些产业向服务业过渡，会导致净工作数量的减少。①

重新平衡对就业的影响

本部分提供了两种模拟。第一个模拟的基础是各国经济部门劳动力分配决定性因素模型。第二个模拟是利用国际基金组织全球一体化货币和财政模型（GIMF）来说明通过转向非贸易部门平衡中国的增长对就业的影响。②

根据各国经验得到的部门劳动力分配的决定性因素

很多因素会影响劳动力在各部门的分配，如劳动力的能力及希

① 部门就业情况和产出数据指出，纺织、服装、文化以及教育和体育行业劳动生产力分别为 45%、60% 和 65%，低于制造业平均水平。

② 全球一体化货币和财政模型是由迈克尔·库霍夫和道格拉斯·莱克斯顿开发的。详细内容见库霍夫和莱克斯顿（2007）以及恩迪亚耶，张和张（2010）。

望流动的意愿、人均收入、不同行业的相对生产力、人口统计学及城市化等等。根据经验之谈，一直以来在所有经济体中，人均收入都是影响劳动力在各部门分配的最强劲的决定性因素。这正是为什么劳动力会从农业或者说第一产业向服务业转移的原因。国家越富裕，服务业的就业人数就越多。部门间的相对生产力引出了"鲍莫尔病"（鲍莫尔，1967）这一概念。也就是说，虽然服务业的生产力较低，① 但是随着经济的发展，服务业所占的就业比例会随之增加。人口统计学因素，如劳动力中的女性比例，也是影响服务业就业比例的重要决定性因素。机构特点，如工会密度、工资集权化程度、就业保护法、产品市场规定等，都会影响劳动力的流动能力和意愿以及资金的流动。也就是说，劳动力及产品市场的灵活性也会起主要作用。② 但是，能够证明机构对劳动力在部门间分配具有重要影响的统计数据和经验都比较有限。

为了评估中国经济的就业结构，我们使用各个国家的数据，倒推出服务业、农业以及制造业就业比例的人均 GDP、贸易部门和非贸易部门的相对生产力、实际有效汇率（REER）的长期价值偏差以及政府消费与 GDP 的关系。该模型公式如式 5-1：③

$$SH = 1 - \exp\left(\alpha_1 Y^{\alpha_2} + \alpha_3 \frac{A^T}{A^N} + \alpha_4 REERGAP + \alpha_5 G\right) \qquad 5-1$$

其中，SH 是服务业、农业或制造业的就业比例，Y 是在购买力平价基础上的人均 GDP，A^T 和 A^N 是分别是贸易和非贸易部门的总要素生产力。$REERGAP$ 是实际有效汇率的长期价值偏差。正差额表示估计过高。实际有效汇率的长期价值是指，实际有效汇率与贸易和非贸易部门相对生产力增长（巴拉萨—萨缪尔森效应）、国外净资产情况以及贸易、开放程度和财政收支一系列基本要素之间协整关系的拟合值。G 是政府消费与 GDP 的比率。

该模式使用的是广义距估计法和来自 29 个经济体的 575 个观察

---

① 服务业的生产力低于制造业，总要素生产力提高会提高所有行业的报酬。虽然制造业的单位劳动力成本最终会下降，但是服务业的单位劳动力成本会上升，因此会提高服务业的价格。

② 关于对机构在劳动力部门间分配的作用所作的分析，请参考达戈斯蒂诺，塞拉费尼和沃德-瓦梅丁戈（2006）。

③ 该模式是福斯（1980）模式的扩展。

表 5.2

中国服务业就业比例的决定性因素[a]
（百分比）

	公式（1）
人均 GDP（单位：千美元，购买力平价）	
截距（b1）	-0.29 [0.00]***
曲率（b2）	0.43 [0.00]***
相对生产力（百分比）	0.04 [0.07]*
实际有效汇率的偏差（百分点）	-1 10e-3 [0.03]**
政府消费/GDP（百分点）	-0. 07 [0.56]

资料来源：IMF 工作人员估算值。

a 括号中的数据是假定值。*、**和***分别表示 10%、5% 和 1% 的显著性水平。

结果。① 所使用的工具包括人均收入、滞后相对生产力、滞后实际有效汇率偏差、实际有效汇率滞后变化、滞后政府消费以及国家虚拟系数。就业在农业、制造业以及服务业的比例数据来自经合组织的主要经济指标以及亚洲经济数据库（CEIC）。人均 GDP 和政府消费数据来自国际货币基金组织世界经济展望数据库。相对生产力数据来自汇率问题磋商小组数据库。

服务部门就业比例

图 5.2 是服务业就业比例的估算结果。负号表示对服务业就业的积极影响。

- 统计结果表明，人均收入、相对生产力以及实际有效汇率偏差对服务业就业比例有着非常显著的影响。最典型的就是，随着经济体变得更富有，服务业的就业比例也越大。
- 与"鲍莫尔病"的结论相反，贸易部门的生产力相对于非贸易部门有所提高时，反而会降低服务业的就业比例。这反映了相对价格对需求的影响，即非贸易部门的低生产力会增加服务的相对价格，同时减少对非贸易产品的需求。对供应方来说，这种影响与以下情况一致，即贸易部门的

① 所选择的经济体包括 21 个经合组织成员（澳大利亚、奥地利、比利时、加拿大、捷克、丹麦、芬兰、德国、爱尔兰、意大利、日本、韩国、新西兰、挪威、葡萄牙、斯洛伐克、西班牙、瑞典、瑞士、英国和美国），6 个东亚及太平洋地区中央银行行长会议组织（EMEAP）成员（中国、中国香港特别行政区、印度尼西亚、马来西亚、新加坡和泰国）以及中国台湾。

高工资会吸引更多的劳动力。

- 当汇率增长超过其长期价值时（正汇率差），服务业就业比例也会随之增长。这是家庭消费能力增长的表现。这就表明增加了对进口产品（变得更具吸引力）的需求并给非贸易行业带来更大的利润。实际有效汇率偏差在解释服务部就业中的作用虽然很重要，但是看起来并不是很大。当汇率增长超过其长期价值10%时，服务部门的就业比例仅上涨1个百分点。
- 政府消费会增加服务部门的就业率。但是这种影响在统计中表现得并不明显。这主要是因为不同经济体的异质性导致的。有些经济体，如欧盟在社会服务业方面消费很高，或对服务部门进行补贴；而韩国等则恰恰相反。

图5.4展现的是中国服务部门就业比例相对于人均收入的实际值和拟合值。

考虑到中国的人均收入，其服务部门的就业比例显得相对较低，而且这一差距还在逐年扩大。由于服务业属于劳动密集型产业，与其他经济体相比，这一情况会使中国出现低就业密集型增长（图5.5)。服务业向劳动密集型发展的趋势表明，随着经济从制造业转向服务业，服务业会有更大的就业增长空间。

农业就业比例

式（5-1）也可用于计算农业和制造业的就业比例。表5.3和图5.6及图5.7中显示的是计算结果。在这里负号也表示对就业率产生的积极影响。人均收入、相对生产力以及政府消费对农业和制造业就业比例所产生的影响，在统计上都表现得非常明显。而实际有效汇率偏差仅对农业就业率比例有重要作用。

- 农业：当国家更加富有，且汇率增长超过其长期值时，会导致农业就业比例下降。这是对贸易品需求减少的表现。政府消费会减少农业就业比例，这可能是因为其包含了更多与服务相关的内容。
- 制造业：人均GDP对制造业就业比例会产生正面影响，但作用不大。贸易部门相对于非贸易部门的生产力增加会减少制造业的就业比例，实际有效汇率偏差的作用亦是如此。这是低竞争力的表现，不过所产生的作用不如对服务和农业部门所产生的影响大。政府消费会增加制造业的就业比例。

图 5.4

中国：服务部门就业比例

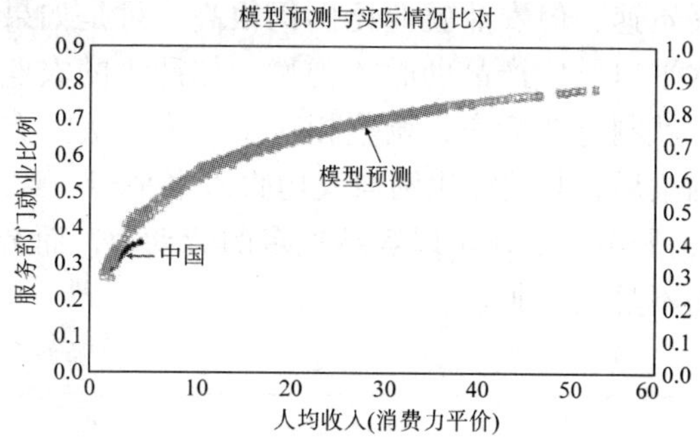

图 5.5

各国就业密度增长（2003—2007 年均值）

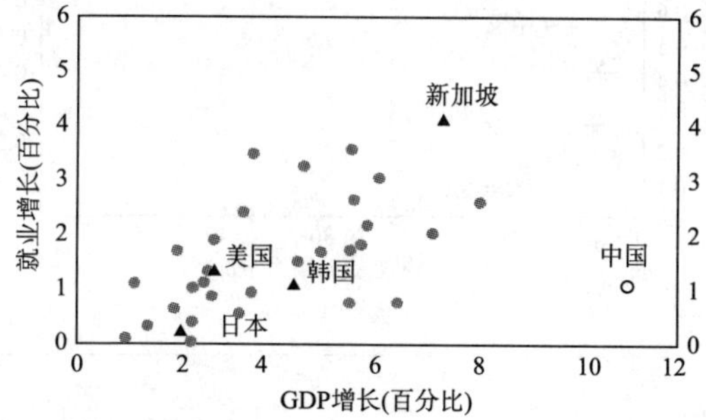

资料来源：IMF 工作人员估算值。

表 5.3

中国农业部门就业比例决定因素[a]
（百分比）

	公式（1）
人均 GDP（单位：千美元，购买力平价）	
截距（b1）	-1.43 [0.00]***
曲率（b2）	-0.92 [0.00]***
相对生产力（百分比）	-0.02 [0.00]***
实际有效汇率的偏差（百分点）	1.02 10e-3 [0.00]***
政府消费/GDP（百分点）	0.26 [0.00]***

资料来源：IMF 工作人员估算值。

a 括号中的数据是假定值。*、**和***分别表示 10%、5% 和 1% 的显著性。

图 5.6 和图 5.7 展现的是中国农业和制造业就业比例相对于人均收入的实际值和拟合值。考虑到中国的人均收入水平，虽然近几年城市化发展迅速，但农业就业比例仍很高。可是如果考虑到农业的低生产力水平以及农产品的收入弹性，如此大的农业就业比例并不令人满意。就制造业而言，调整相对生产力、实际有效汇率偏差及政府消费因素后，其就业比例与人均收入水平相一致。总体而言，式 5－1 表明，服务部业还可以容纳更多的劳动力，而劳动力主要来自于农业，而不是制造业。

图 5.6

中国：农业就业比例

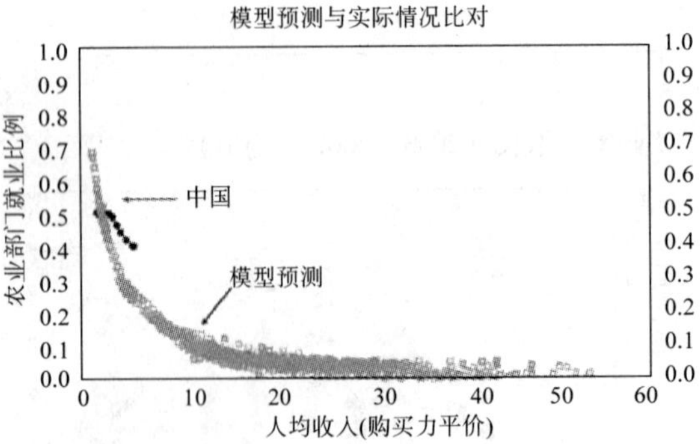

图 5.7

中国：制造业就业比例

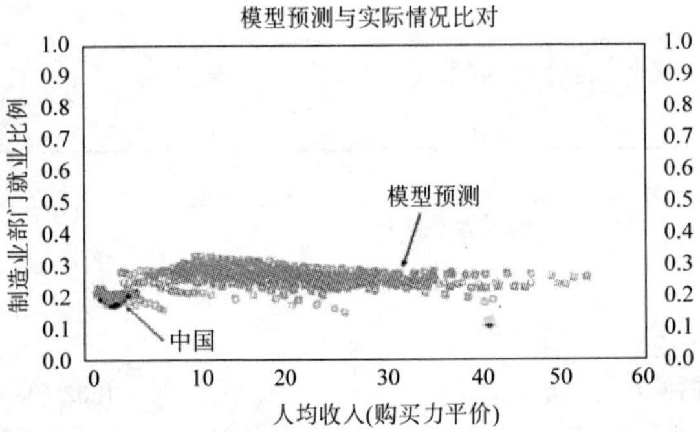

资料来源：IMF 工作人员估算值。

图 5.8

服务业就业比例

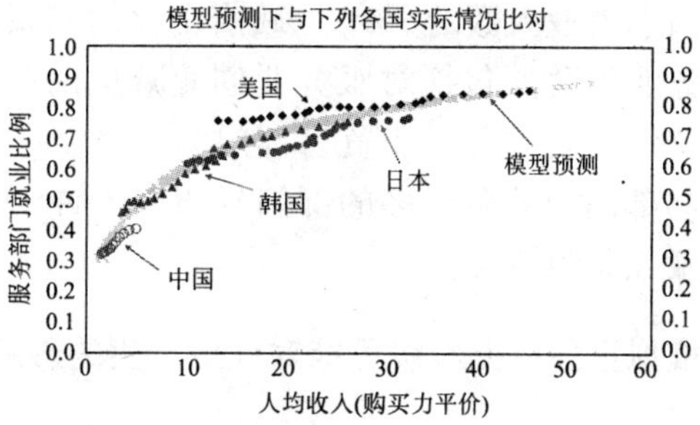

资料来源：IMF 工作人员估算值。

图 5.9

中国、日本和韩国的第一产业就业比例（百分比，起始点 =1）

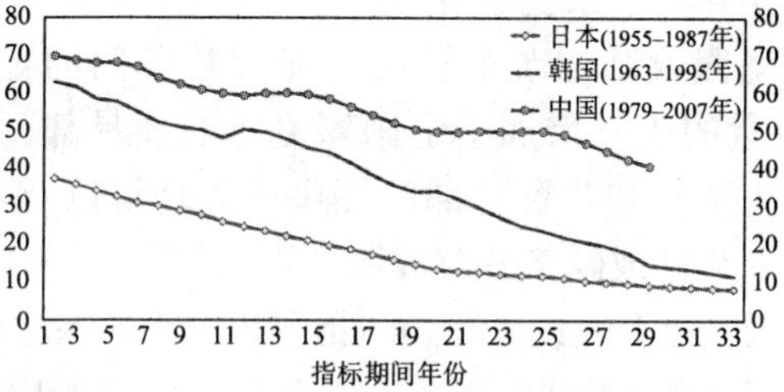

资料来源：日本统计局、中国国家统计局和中国人力资源与社会保障部。

亚洲地区的其他国家，如日本和韩国，过去也同样依赖出口，并经历了劳动力向服务部门的重要转移。在日本，服务业的就业比例从 1955 年的 38% 左右，增长到 1987 年（最长扩张时期的最后一年）的近 60%。韩国的转移力度甚至更大，其服务业的就业比例在 1995 年为 65% 左右，而在 1961 年只有 30%（图 5.8）。

日本和韩国之所以出现就业分配在部门间转移，其主要因素就是在式 5 - 1 中提到的各项内容，即人均 GDP、实际有效汇率、相对生产力以及影响较小的政府消费。但是，在实际有效汇率增长方面，日本和韩国还是有很多差异的。在日本，劳动力转移伴随着实际有效汇率的增长。而在韩国，却出现了与标准经济理论相反的情况，即实际有效汇率出现了下滑。有意思的是，在就业比例演变方面，中国与这些国家的差别主要在农业方面：与日本和韩国相比，中国减少农业就业比例的步伐相对较慢（图 5.9）。

就中国目前的人均收入水平、非贸易部门和贸易部门的相对生产力，实际有效汇率以及政府消费情况看，中国的服务业可以吸收7千万就业者（占总就业人数的9%）。政府出台的一系列措施也有助于劳动力向服务业转移。包括对服务业创业减免税、补助、转移支付、城市化以及就业培训等。非贸易部门为提高生产力而进行的结构调整（非贸易部门中盈利较多的部门）以及允许汇率上升等也有利于劳动力向服务业的转移。

在模型基础上模拟重新平衡经济可能对就业产生的影响

本节通过两种不同的情景，模拟了劳动力从贸易部门向非贸易部门转移以及个人消费增加的情况，对前一节进行的分析作进一步的补充。这两种情境是：(1) 结构改革提高了非贸易部门的生产力，家庭消费也向非贸易部门转移；(2) 除了提高生产力和转移消费，多项改革措施还降低了家庭储蓄率。

第一种情境假设结构改革提高了非贸易部门的生产力，此外，产品和服务质量的改善增加了中国家庭对非贸易部门产品的消费。结构改革包括为贸易和非贸易部门提供平等环境以及提高市场竞争等措施，如进一步开放经济并解放服务部门。①

第二种情景除以上假设外，还包括了养老金、医疗以及教育和国内金融市场改革。在这些措施下，家庭消费占GDP的比例提高了3%。

模型模拟是基于GIMF模型所进行的。② GIMF模型结构完备，可以详细探究不同经济部门间的关系以及冲击在部门之间的传播。经济部门广泛的名义和实际刚性可以为主要宏观经济总量产生实际的惯性动力。

模拟结果说明，在这两种情景下，以内需为导向重新平衡中国经济，就长期而言，可以增加就业总量（图5.10，5.11）。非贸易部门生产力提高及国内需求的增加，会刺激非贸易行业增加就业，从而弥补短期内出口行业的就业损失。而且，比起不对个人消费采取措施，如果能够进一步扩大个人消费，那么这种就业效应也会产生更大的作用。③

---

① 同样，这些措施也会提高贸易部门的生产力（详见恩迪亚耶、张和张（2010））。

② 所有情景都假设中国的汇率会保持不变，而汇率出现浮动。

③ 报告的结果完全不同于稳定状态。如果在不稳定的情况下进行模拟，会改变变量的力度以及最终的结论。

图 5.10

中国：向非贸易部门转移产生的就业影响

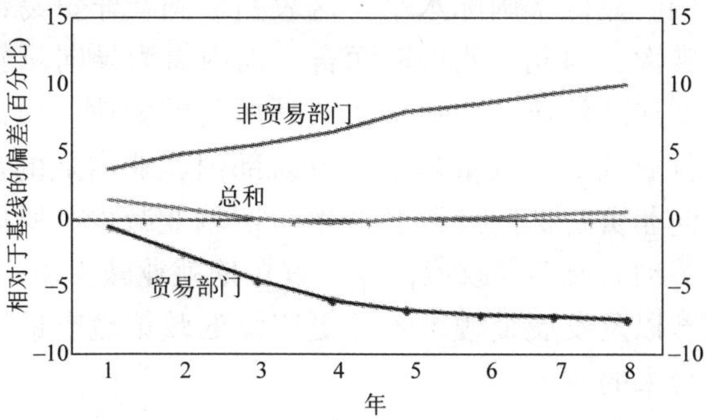

图 5.11

中国：向非贸易部门转移以及低储蓄率产生的就业影响

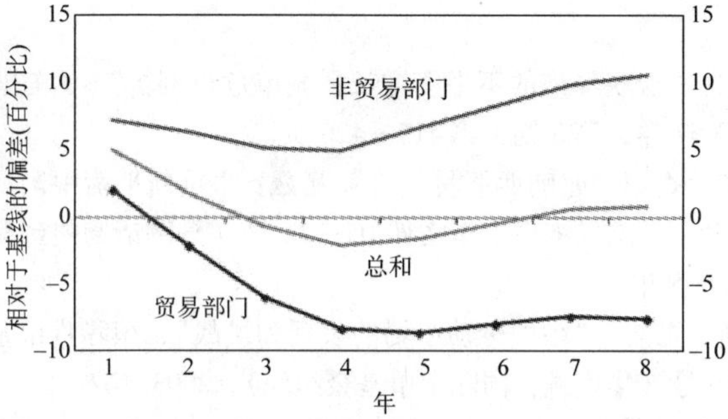

资料来源：GIMF 和 IMF 工作人员估算值。

不过尽管高消费增加了对贸易和非贸易部门商品的需求，短期内会出现就业临时增加的情况，但是随着经济从贸易部门向非贸易部门转移，就业增长会做出一定的让步。

随着出口行业获利机会的减少，为了适应更具挑战性的环境，公司会减少员工数量。不过这些工作的减少，会从非贸易部门所创造的新工作中获得弥补。非贸易部门公司会看到更多的盈利机会，同时创造更多的业务。非贸易部门更高的工资以及对劳动力的更多需求，会增加该部门的就业人数。不过由于创造新工作所需要的时间及其他调整成本，并不能立即弥补出口行业所丧失的工作。为此，提高劳动力市场灵活性、提供就业培训和信息、增加贸易部门劳动力的转移等措施可以有助于顺利向非贸易部门的过渡，并减少短期内就业机会的减少。

总之，就中国目前的发展水平和其他基本情况而言，中国服务部门就业比例明显低于国际水平。这表明中国在非贸易部门创造就业的空间非常大。因此，就长期而言，以内需为导向重新平衡中国经济，可以增加总就业，特别是非贸易部门的就业。但是，由于初期贸易部门就业减少的数量多于非贸易部门就业增加的数量，因此从贸易部门向非贸易部门过渡会产生短期就业减少。所以需要采取培训和促进劳动力流动等政策，以缓解短期就业减少所带来的问题。减少个人储蓄以及发展金融系统等更广泛的政策也有助于从根本上减少过渡所带来的成本。

（郭凯　帕帕·恩迪亚耶）

参考文献

威廉·鲍莫尔：“宏观经济的不平衡增长：城市危机剖析”，《美国经济评论》，1967年，第57卷，第3期，第415—426页。

奥利维尔·布兰查德、弗朗西斯科·吉亚瓦兹：“重新平衡中国增长：三手策略”，麻省理工学院经济系工作文件05—32号（马萨诸塞州剑桥市：麻省理工学院），2005年。

雷·布鲁克斯、陶然：“中国劳动市场的表现和挑战”，国际货币基金组织工作文件03/210号（华盛顿：国际货币基金组织），2003年。

安托内罗·达戈斯蒂诺、罗贝塔·塞拉费尼、梅拉尼·沃德－瓦梅丁戈：“欧洲服务业就业”，欧洲中央银行工作文件625号（法兰克福：欧洲中央银行），2006年。

维克托·福斯：“经济增长和服务业就业增长”，国家经济研究局工作文件486号，（马萨诸塞州剑桥市：国家经济研究局），1980年。

郜若素、宋立刚、斯道延·坦尼夫、姚洋：《中国所有制转型》（华盛顿：世界银行），2005年。

郭凯、帕帕·恩迪亚耶：“中国出口型增长的可持续性”，国际货币基金组织工作文件09/169号（华盛顿：国际货币基金组织），2009年。

迈克尔·昆霍夫、道格拉斯·莱克斯顿：“美国政府赤字的影响”，国际货币基金组织工作文件07/202号（华盛顿：国际货币基金组织），2007年。

帕帕·恩迪亚耶、张平、张文朗：“从新多区域模型角度看东亚及太平洋地区的结构改革、区域内贸易和中期增长前景”，《亚洲经济学杂志》，2010年，第21卷，第1期，第20—36页。

第六章

从国际视角看中国个人消费的决定因素

引言

中国个人消费占 GDP 的比例从 20 世纪 80 年代早期的 55% 下降到 2008 年的 37%。在发展的早期阶段，这一比例的下降是正常现象。因为，此时家庭收入在满足基本生活需要之外开始有了盈余，而且投资和增长也需要一定的资本积累，储蓄自然会增加。但是，与其他国家相比，中国个人消费占 GDP 比例的下降幅度尤为突出。

根据以前的研究，导致这一比例下降过快的因素包括：家庭储蓄率、家庭收入以及单纯的统计因素等。根据布兰查德和吉亚瓦兹（2005），库吉斯（2005）以及莫迪利亚尼和曹实（音）（2004）等人的研究，个人消费占 GDP 的比例下降可归因于家庭储蓄率的上升，特别是预防性储蓄的增加，而进行预防性储蓄在老年人中尤为普遍。造成预防性储蓄过高的原因是医疗保健、养老保险、教育等体系尚不完善。夏蒙和普拉萨德（2010）的研究指出，与典型的生命周期模式不同，在中国，老年人是储蓄最多的人群。而魏尚进和张小波在 2009 年的研究中指出，1990 年至 2007 年间，中国家庭储蓄率增长中的一半可归因于逐渐增大的性别不平衡。女性数量相对男性日渐减少，使男性面对的婚姻竞争力增大，导致独生子家庭的储蓄越来越高。阿齐兹和崔历 2007 年的研究发现，中国个人消费占 GDP 比例下降的主要原因不是高储蓄率，而是因为家庭收入占 GDP 的比例下降了，而这一比例的下降反映了工资收入、储蓄回报、政府转移支付等方面的减少。白重恩和钱震杰 2009 年的研究则指出，导致劳动收入份额在数值上下降的主要原因是人为统计因素，即收集劳动收入数据的方式产生了变化。[①]

本章将利用中国的经济数据以及其他国家的证据来估算中国个人消费的决定因素与 GDP 的关系。实证研究框架将个人消费占 GDP 的比例与家庭收入占 GDP 的比例以及其他影响家庭储蓄率的因素联系起来，包括老年抚养比率、金融发展水平、人均 GDP、服务业就业比重、实际汇率的变动及实际利率。

该模型与中国个人消费的历史发展相吻合，并且可以用来解释所选样本的大部分演变过程。结果显示，2000 年至 2007 年间，个人消费下降的三分之一是由家庭收入的下降直接导致的，剩下的三分之二可归因于其他直接或间接影响家庭储蓄率和收入的因素。此外，我们发现，加入中国特有的虚拟变量后，并未提高模型的拟合度。

结果显示，进一步提高家庭收入和服务行业就业比重，以及发展资本市场（包括实现利率自由化和创造储蓄替代工具）的努力对消费的影响最大。其他用以提高家庭收入、降低家庭独特风险（例如改善医疗保健和养老保险体系）的机制也发挥了一定的作用。此外，研究显示，影响中国消费者行为的因素只是一小组经济社会变量，其中并不包括中国特有的因素。也就是说，中国的消费并无“特别”之处。更准确地说，难点在于阐释为何中国的调节变量（尤其是服务业就业比重偏低、金融业发展水平及实际利率较低）与其他国家的历史经验如此不同。

本章结构如下：下一部分是实证研究框架综述。接下来探讨收入占 GDP 比重对中国个人消费占 GDP 比重的影响。最后研究储蓄率对中国个人消费占 GDP 比重的影响。

实证研究框架

为研究驱动中国个人消费增长的因素，我们利用各个国家的数据，用回归分析方法估算个人消费占 GDP 比例与家庭收入占 GDP 的比重、公共消费占 GDP 的比重、人均 GDP（反映发展水平）、实际 GDP 增长、实际利率、消费物价指数变动、贸易条件指数变动、老年抚养比、实际有效汇率变动、服务业就业比重、国外融资指标和

---

① 此处作者指以前被归类为劳动收入的个体工商户业主的收入，在 2004 年后，被划入资本收入的行列。1999—2004 年间劳动收入比例的下降，其中有 58% 是由于这一分类上的改变导致的。

金融发展指标等因素的关系。目的是利用此面板数据研究框架估算收入及其他影响储蓄率的因素对个人消费的影响程度，并与国际上其他国家的经验进行比较。

为得出回归量与个人消费之间潜在的非线性关系，给出的消费公式的简化形式如式 6－1：

$$\frac{C}{Y}=1-\exp\left[\alpha_1\left(\frac{Y}{N}\right)^{\alpha_2}+\alpha_3\left(\frac{G}{Y}\right)+\alpha_4\frac{Y}{Y}+\alpha_5 r+\alpha_6\pi+\alpha_7\tau\right.$$

$$\left.+\alpha_8 D+\alpha_9 s^*+\alpha_{10}f+\alpha_{11}\frac{L^s}{L}+\alpha_{12}e+\alpha_{13}\frac{Y^h}{Y}\right]+\varepsilon^c,\quad 6-1$$

这里 Y^h 表示家庭收入，Y 表示实际 GDP。人均 GDP $\frac{Y}{N}$ 和实际 GDP 增长 $\frac{Y}{N}$ 可反映发展的不同阶段的储蓄行为（莫迪利亚尼，1966），实际利率 r 反映的是利率上升引起的替代效应或收入效应。通胀 π 可能由于产生庇古效应而刺激消费，也可能由于对利率和家庭收入的影响而降低消费。短期的贸易条件指数 τ 的变动会影响收入从而降低消费，而长期的贸易条件指数的变动对于个人消费的影响还不确定。老年抚养比 D 反映人口特征产生的影响，随着老年抚养比的上升，个人消费会增加。关于公共消费 G，根据巴罗（1981）的理论，消费者在意的是他们的有效消费，其中既包括公共支出也包括私人支出。消费者进行个人消费时是会考虑到公共支出的。因此，公共支出对个人支出起到补充作用。但公共投资也会带来一定的挤出效应，提高政府赤字支出会抑制个人消费。实际有效汇率 e 的变动会影响家庭的收入和购买力，从而影响家庭消费。提高服务业就业比重 L^s 可以增加劳动收入，同时也会提供更多的服务，这都可以促进个人消费。国外储蓄 s^* 表示的是国外融资对消费者消费决定可能产生的影响。金融发展可以为消费者提供更多融资渠道和回报率更高的储蓄替代工具，因此可以促进个人消费。

模型采用广义矩方法进行参数估计，采用了 39 个经济体的 515 项观察数据构建非平衡面板数据集。[①] 为处理联立性问题，采用回归

① 这 39 个经济体包括：阿根廷、澳大利亚、奥地利、比利时、巴西、加拿大、中国香港、智利、哥伦比亚、丹麦、埃及、芬兰、法国、德国、希腊、冰岛、印度、印度尼西亚、爱尔兰、以色列、意大利、日本、韩国、马来西亚、荷兰、新西兰、挪威、秘鲁、菲律宾、葡萄牙、新加坡、南非、西班牙、瑞典、瑞士、中国台湾、英国、美国和中国大陆。非平衡面板数据中时间跨度最大的样本的时间跨度为 1980—2008 年。

表 6.1

基于 39 个国家和地区面板数据个人消费的决定因素
（占 GDP 的百分比）

解释变量[a]	系数[b]
人均 GDP[c]	
截距（b1）	0.1972 [.001] ***
曲率（b2）	0.2372 [.000] ***
公共消费占 GDP 的比例	0.0093 [.000] ***
实际 GDP 增长	0.0067 [.001] ***
实际利率	-0.0023 [.088] *
通货膨胀	0.0031 [.138]
贸易条件指数变动	0.0027 [.002] ***
老年抚养比	-0.0031 [.003] ***
金融发展水平[d]	-0.0106 [.034] **
服务业就业比重	-0.0094 [.000] ***
实际有效汇率变动	-0.0055 [.000] ***
国外融资	0.0125 [.000] ***
家庭可支配收入占 GDP 的比例	-0.0126 [.000] ***

资料来源：IMF 工作人员估算值。

a 除非特别指出均为百分点。

b 括号中为 P 值。*、**和***分别表示 10%、5%和 1%的显著性水平。

c 单位为千美元（按购买力平价计算）。

d 此项为股票市场总交易额占 GDP 的比例。

量的滞后值作为工具变量。实际利率、贸易条件指数的变动、老年抚养比和服务业就业比重在模型中作为外生变量。工具变量还包括国家虚拟变量，但回归分析中并不包括国家虚拟变量。

表 6.1 显示的是估算结果。解释变量对应系数为正值，说明此项可能会降低个人消费占 GDP 的比重，系数为负值的说明此项会提高个人消费占 GDP 比重。结果显示，主要回归量之中，除通胀外，其他对个人消费的影响都比较大。接下来的部分将详细探讨这些因素。

图 6.1 显示，虽然回归量中并没有涉及中国特有的因素，但利用这一回归模型可以较准确估算出中国过去十年消费的下降趋势，而这一模型是基于 39 个经济体的横截面数据建立起来的，因此并不保证这一模型会与某一国家的特殊情况拟合。这说明，造成中国个人消费占 GDP 比例下降的因素的范围相对较小。同样，中国的过高的家庭储蓄率并不是历史或文化原因造成的，而是由经济因素造成

图 6.1

中国：1992—2007 年个人消费预测值和实际值（占 GDP 百分比）

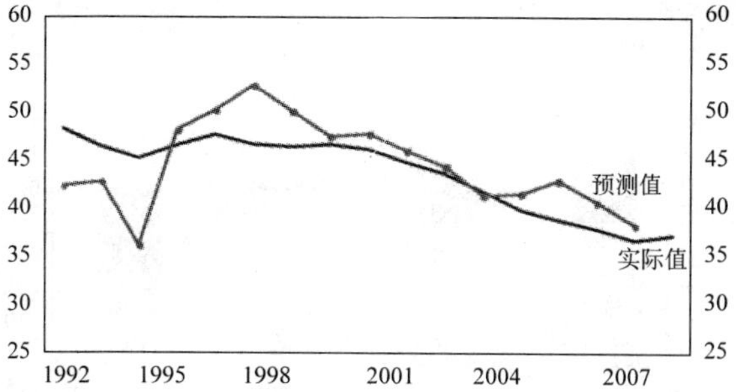

资料来源：IMF 工作人员估算值。

的，其中包括中国经济的迅速增长、劳动收入份额的下降、金融部门发展水平较低、资本密集的生产方式以及服务业就业比重较低。

可以进一步估算出，相对于那些影响储蓄率的因素来说，在特定时间内，消费所产生的变动中有多大一部分是由于家庭收入变动引起的。中国 2000 年至 2007 年间消费变化值的三分之一是直接由家庭收入降低引起的（图 6.2）。[①] 这种情况与该地区其他国家（如日本和韩国）的发展情况相反，在其他国家储蓄率的降低可以基本抵消家庭收入占 GDP 比例的降低对消费的影响。而美国的情况又不同，美国个人消费的增长是由于储蓄率较低（家庭收入占 GDP 的比例变动很小）。

家庭收入的作用

中国家庭可支配收入占 GDP 的比例从 1992 年的 59% 降低到 2007 年的 53%。虽然国际上其他经济体的这一比例也有所降低，但中国这一比例降低得尤其快。中国可支配收入占 GDP 比例的降低反映了实际工资、投资收入和转移支付等方面的减少（阿齐兹和崔历，2007）。依次分析每一项因素可得出如下结果：

---

① 利用相同的计算方法，1992—2007 年间个人消费下降值的 45% 是由家庭收入变动一起的，这一数值也与阿齐兹和崔历 2007 年的研究相吻合。

图 6.2

2000—2007 年个人消费占 GDP 比例的累计变动：可支配收入和储蓄率的影响

（百分比）

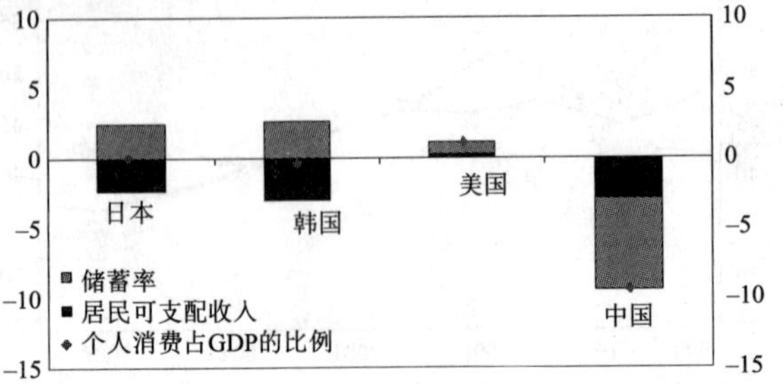

资料来源：IMF 工作人员估算值。

- 劳动力收入。劳动力收入比重从 1997 年的 54% 下降到 2008 年的不足 49%（基于资金流数据）。根据省级数据，降低幅度几乎增加了一倍（从 51% 到 40%）。劳动力收入比重下降主要反映了就业率增长缓慢，因为过去十年工资的增长率普遍超过了生产率的增长。与其他国家相比，中国快速增长的 GDP 所带来的就业增长较少（图 6. 3），这也抑制了家庭收入的增长。

中国外向型经济导致的就业增长缓慢和低成本资本共同促进了资本密集型产业的发展。如第五章所述，中国服务业就业比重要远远低于其他国家，就中国自身发展基础而言，这一比值也偏低（图 6. 4）。根据 2008 年的数据，中国第一、第二和第三产业就业所占比例分别为 41%、27% 和 32%。[①] 由于服务业主要是劳动密集型产业，因此，与其他经济体相比，中国的外向型增长自然导致了较低的就业增长。

服务业就业比重低必然导致农业就业比重较高，中国的农业就业比重远高于可比国家（图 6. 5）。这一特点表明，将劳动力从农业转移到服务业，包括劳动密集型服务业，可以增加总劳动收入份额。

① 第二次经济普查初步结果显示，服务业的比重可能被低估了。但即使从实际值看，中国服务业就业占比还是远低于其他国家，就中国实际发展水平来说，这一数值也较低。

图 6.3

2003—2007 年就业增长平均值

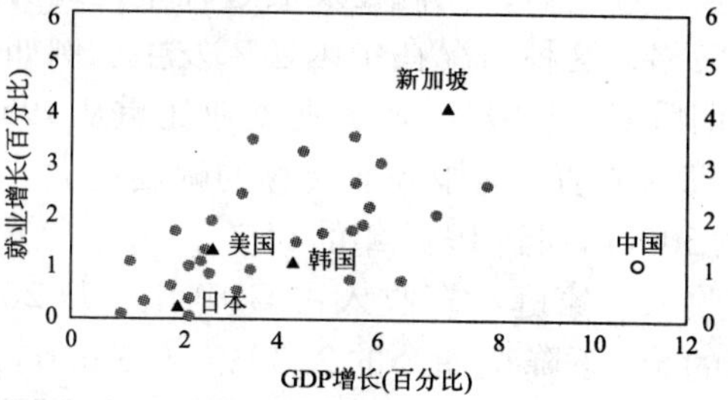

资料来源：IMF 工作人员估算值。

图 6.4

中国、日本、韩国和美国的服务业就业比重

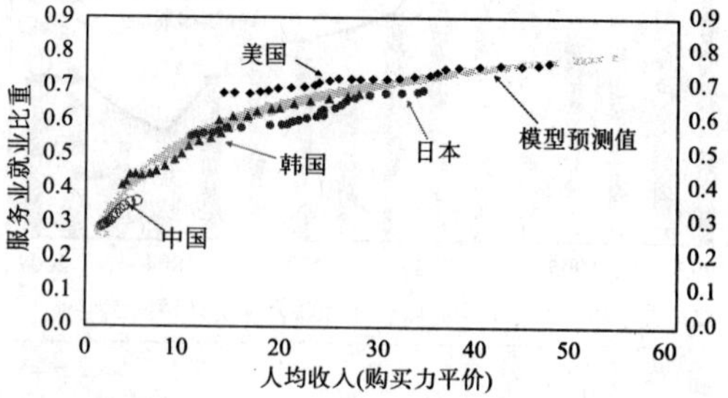

资料来源：IMF 工作人员估算值。

图 6.5

农业就业比重：中国实际值与模型预测值

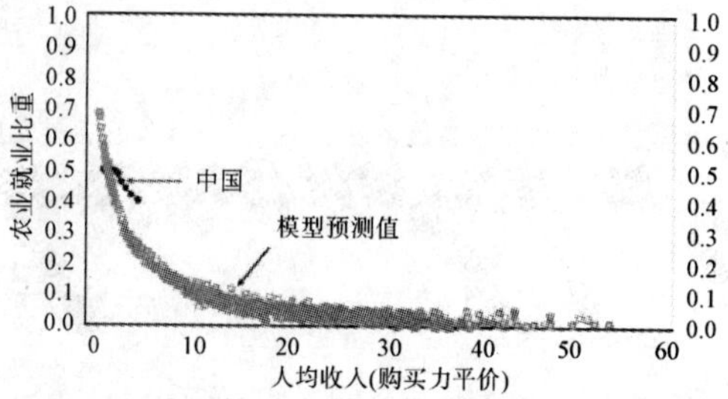

资料来源：IMF 工作人员估算值。

以上分析说明，创造更多的就业机会，特别是服务业就业机会，可以增加家庭收入的比重，促进个人消费。日本、韩国等其他亚洲经济体过去也严重依赖出口，他们在发展过程中也经历过一次劳动力向服务业的大转移，这种情况在中国还未发生。例如，截至日本最长的经济扩张期后期（1987），服务业就业比重从 1955 年的 38% 上升至 60%。在韩国劳动力向服务业转移的幅度更大，服务业就业比重从 1961 年的 30% 增加到 1995 年的 65%。

- 投资收入。家庭投资收入占 GDP 比重从 20 世纪 90 年代早期的 5% 下降至如今的 2.33%（图 6.6）。与其他国家

图 6.6

1992—2007 年中国投资收入占 GDP 比重

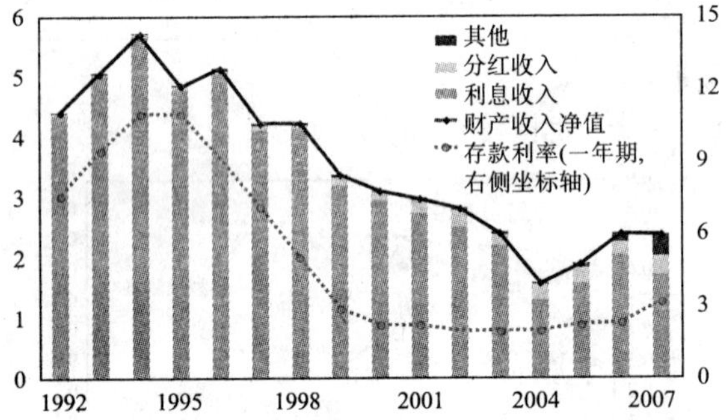

资料来源：香港环亚经济数据有限公司和联合国统计司。

图 6.7

中国财产收入净额占可支配收入比例

（2000—2006 年平均值）

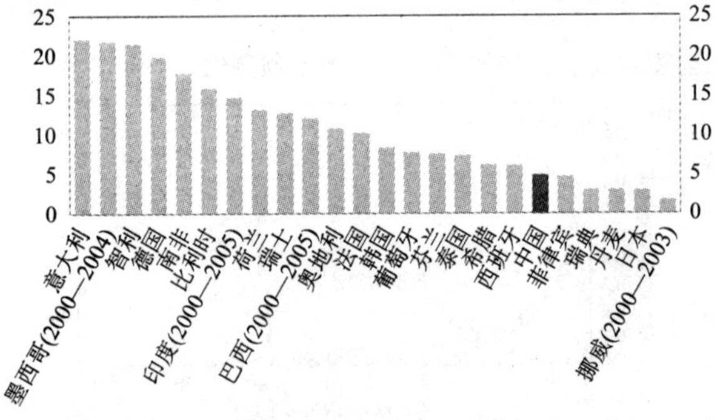

资料来源：香港环亚经济数据有限公司和联合国统计司。

相比，中国投资收入占 GDP 的比例也偏低（图 6.7）。在家庭投资收入中，利息收入占 80%。由于欠发达的金融体系能够提供的投资替代工具有限，因此分红收入和其他财产性收入在家庭投资收入中所占比例很小。利息收入下降主要是由存款利率下降导致的。存款利率和贷款利率都受到管制：存款利率有上限，贷款利率有下限。存、贷款利率都较低，从而保证了银行能从较大幅度的利差中赚得利润。这种情况是以抑制消费为代价促进投资，其实质是损害了存款家庭的利益来补贴借款者。而在利率自由化程度较高的情况下，可以最大限度提高存款利率。波特等人（2009）的研究指出，在中国实行利率自由化，可以提高利率，抑制边际投资，从而提高中介和货币传导效率，扩大金融服务业的服务范围。与国际标准相比，中国的财产性收入占 GDP 的比例偏低，还有进一步上升的空间，因此可以提供储蓄替代工具促进财产性收入比重的上升。

- 转移支付。转移支付净额占 GDP 比例从 1992 年的 2.5% 降至 0.33%。转移支付总额也远低于可比国家（图 6.8）。转移支付占 GDP 比例低主要是由 20 世纪 90 年代的国企改革导致的，这一改革使社会保障体系产生了很大的缺口，而政府只能逐渐填补这一缺口。

图 6.8

经常性转移支付占可支配收入比例（2000—2006 年平均值）

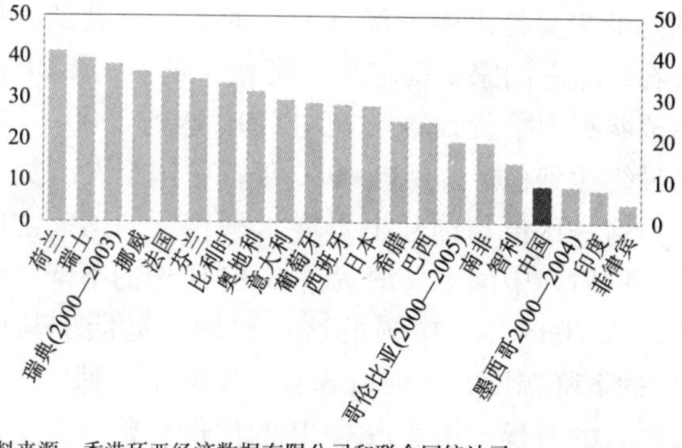

资料来源：香港环亚经济数据有限公司和联合国统计司。

总之，劳动收入、投资收入和转移支付等占 GDP 比例的降低抑制了家庭可支配收入和个人消费的增加。但是，家庭收入占 GDP 比例的降低并不能完全说明为什么中国个人消费占 GDP 的比例要低于可比国家。中国的这一比例超出了根据式 6－1 所得出的估计值的范围（图 6.9 中高亮度区域），并且与估计值之间的差距随着时间在不断扩大。这说明家庭储蓄率同时也在不断增长。

图 6.9

个人消费比重和可支配收入（增长时期）

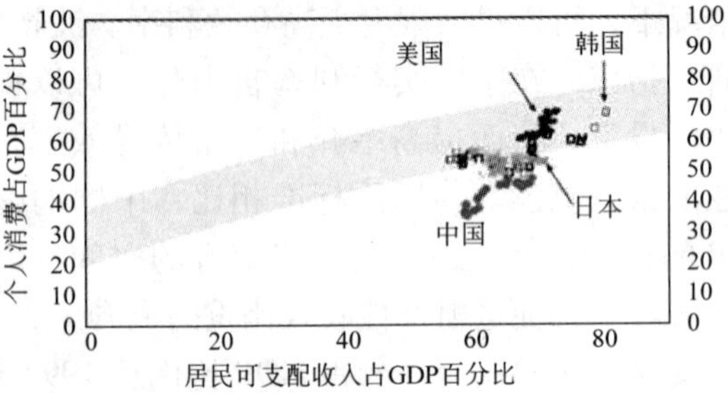

资料来源：IMF 工作人员估算值。

储蓄率的作用

根据各国情况可以得出一个典型事实，即在人均收入处于最低水平时，消费占 GDP 的比重会随着人均 GDP 的增长而下降。其中部分原因是由于较低的收入水平只能勉强维持生计，没有多余的钱用于储蓄。在这方面，中国的情况与其他国家一样。中国个人消费占 GDP 比例的降低主要是由中国经济的快速增长导致的。根据各国的通常情况来看，随着国家变得越来越富裕，消费占 GDP 的比例会稳步下降，当按购买力平价计算的人均 GDP 达到 2500—3000 美元时，这一比例会最终达到稳定。回顾 1980 年，中国个人消费占 GDP 比例虽然较低，但这一比值与国际上发展水平相近的国家之间的差距不大。但是从那以后，中国个人消费占 GDP 比例的下降速度开始快于模型估算值。到 2008 年，中国的这一比例已远低于其他国家（图 6.10）。这样的下降幅度并非前所未有。实际上，韩国、日本和美国在人均收入增长的时候，消费占 GDP 的比例也曾以类似的速度下降过，不过他们最初的消费水平要远高于中国在 1980 年的消费水平。

图 6.10

个人消费比重和人均 GDP（增长时期）

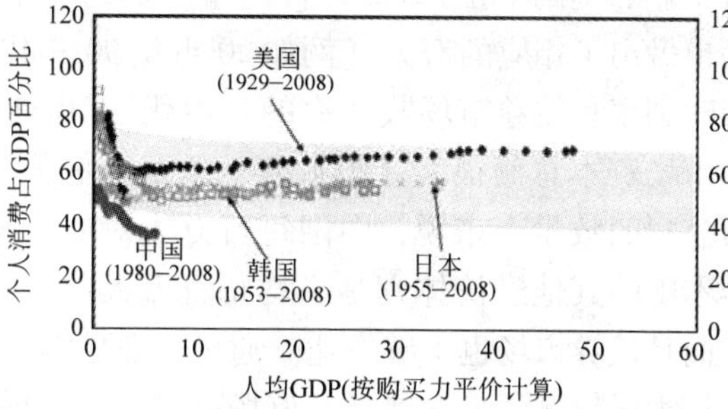

资料来源：IMF 工作人员估算值。

除了人均收入水平外，其他导致消费占 GDP 比例下降幅度较大的主要因素还包括哪些呢？我们认为是下面六个因素：

- 服务业就业情况。实证研究结果显示，服务业就业比重每上升 10 个百分点可使消费占 GDP 的比例上升 3.5 个百分点。与其他产业相比，服务业大多是劳动密集型产业，因此提高服务业就业比重可以增加劳动收入份额。而收入增加了就会促进消费。服务业就业比重增加，再加上能提高生产率的结构改革带来的工资增加，这两项加在一起可以对消费产生更大的促进作用。除了对需求方面的影响外，服务业就业变量还会对供应方面产生影响。因为服务业就业比重的增加会带来更多、更新、更好的服务，这样也会促进家庭消费。结构改革可以改善贸易部门和非贸易部门之间的公平竞争环境，增加市场的竞争性并改善融资渠道。这些都会提高服务业的生产率，并提高服务质量。
- 实际汇率。即使不考虑汇率升值对家庭收入的影响，就汇率升值本身而言，也可以提高个人消费在 GDP 中的比例。汇率本身对于消费有很大影响，实际有效汇率每升高 10%会使消费占 GDP 的比例提高 2 个百分点。
- 金融发展和实际利率。发展金融可以促进消费。这里要强调的是投资替代工具对减少预防性储蓄的影响，以及拓展融资渠道对于消费的影响。对于受信贷约束的人群，这种影响尤其大。中国的金融系统规模庞大，但并不发达，而且受控于银行系统。由于国有银行对金融系统的控制，致使储蓄的利用效率较低，因为银行系统的资产主要是借贷给国有企业的（阿罗拉，2009；费达翰，2009）。中国在自由化方面也做出了相应的努力（例如20世纪90年代末期，银行间回购利率和债券市场收益率的自由化）。虽然中国股票市场的市场资本总额很大（2008年为3.5万亿美元），但是从上市公司的数量上来说，中国每百万人对应一家上市公司，而样本中的其他经济体则是平均每百万人对应40家上市公司。而且债券市场也不够发达。通过企业债券市场、共同基金和扩大股权融资来发展资本市场可以为家庭提供更多的储蓄工具和保险产品，帮助家庭分担风险，从而促进消费。此外，根据估算，实际利率的上升也可以提高个人消费占GDP的比例。利率自由化可能会使存款利率增加，因此可以进一步促进个人消费（波特等人，2009）。

- 公共消费。公共消费的增加会降低个人消费占GDP的比例。可能包括以下原因：根据对选定的国家所进行的分析，在一定程度上，公共消费替代了个人消费。另外，公共消费产生了挤出效应，即政府提高财政赤字支出抑制了家庭支出。但对中国的省级数据的分析显示，中国在这方面与其他国家不同，中国政府提高在卫生方面的支出可以减少城市家庭储蓄，但提高教育方面的支出并无此影响。我们将在第七章中进一步讨论这一问题。
- 人口特征。表6.1表明，在各个经济体中，随着老年抚养比率的上升，老年人开始动用自己的储蓄，因而促使消费占GDP比例的上升。与其他国家相比，中国较低的老年抚养比率对个人消费起到了一定的抑制作用（图6.11）。尽管未来几年，中国的老年抚养比率会上升，但却无法判断是否能促进个人消费。因为与理论和其他国家的情况相反，有证据表明，在中国的城市居民中，老年人和年轻人是储蓄率最高的人群（夏蒙和普拉萨德，2010）。因此，中国的老龄化和老年抚养比率的增加不一定能促进消费。在这种情况下，采取养老保险改革和医疗改革等措施来降低老年人的预防性储蓄显得尤为重要。这样，随着老年抚养比率的上升，消费也会相应增加。

图 6.11

老年抚养比率

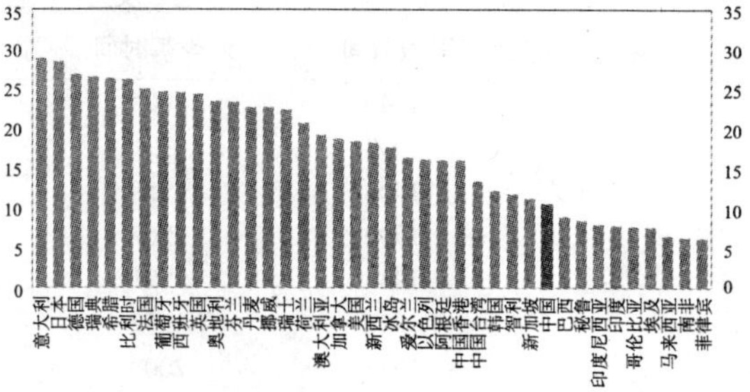

资料来源：世界银行世界发展指标数据库。

- 养老保险。从可利用的样本国家的信息中可以看出，这些国家大多在第二次世界大战之后引入养老保险体制，并且对这一体制进行过较大的改革，尤其是在替代率方面的改革（表6.2）。但是，由于数据有限（特别是在时间维度上的养老保险数据），我们在式 6 –1 中并未引入有关变量来估算养老保险对家庭消费的影响。尽管如此，图 6.12 和图 6.13 显示，式 6 –1 的残差与覆盖率、替代率等养老保险的主要参数之间成正相关。在所研究的经济体中，随着养老保险越来越接近全覆盖，覆盖率的增加对消费的促进作用也越来越小，但覆盖率在不断提高的整个过程中对消费的促进作用还是比较大的（残差中的 20% 是受养老保险的覆盖率控制的）。养老保险替代率对残差的影响也是不能忽略的。结果显示，政府扩大养老保险体系的覆盖率，将农村和城市工人也纳入这一体系，会促进个人消费（达纳韦和阿罗拉，2007）。

结论

本章分析显示，与国际上可比国家的水平相比，中国个人消费占 GDP 的比例偏低。造成这一比例偏低的原因主要是家庭收入占 GDP 比例偏低，还有一些影响家庭储蓄率的因素对这一比例的影响也相当大，包括发展水平、服务业就业比重、金融发展水平以及实

表 6.2

各国养老保险体系对比

	引入时间[a]	最近一次重大改革时间[a]	参加人数与劳动力比值[b]
阿根廷	1946	2008	53.0
澳大利亚	1908	1991	
奥地利	1906	1955	95.8
比利时	1900	1967	86.2
巴西	1936	1991	36.0
加拿大	1927	1952	91.9
中国香港	1973	2000	
智利	1924	1980	70.0
哥伦比亚	1965	1993	35.0
丹麦	1891		89.6
埃及	1950	1975	50.0
芬兰	1937	1956	90.3
法国	1910	1945	88.4
德国	1889	2002	94.2
希腊	1934	1951	88.0
冰岛	1909	2007	92.0
印度	1952	1995	10.6
印度尼西亚	1977	1992	8.0
爱尔兰	1908		79.3
以色列	1957	1974	
意大利	1919	1995	87.0
日本	1941	1959	97.5
韩国	1973	2007	58.0
马来西亚	1951	1991	48.7
荷兰	1901	1957	91.7
新西兰	1898	2001	
挪威	1936	1997	94.0
秘鲁	1936	1992	20.0
菲律宾	1954		28.3
葡萄牙	1935	2007	84.3
新加坡	1955	2001	73.0
南非	1928	2004	
西班牙	1919	1994	85.3
瑞典	1913	1998	91.1
瑞士	1946		98.1
中国台湾	1950	2008	
英国	1908	1995	89.7
美国	1935		94.0

a 社会保障局（2009）。

b 帕拉西奥斯和帕拉瑞斯－米拉里斯（2000）。

图 6.12
养老保险体系替代率

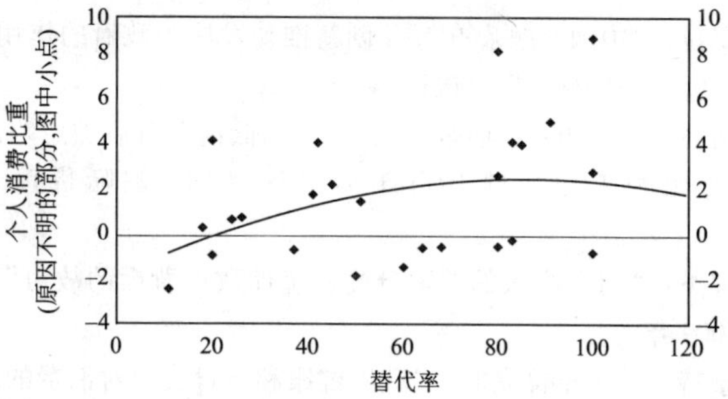

资料来源：IMF 工作人员估算值。

图 6.13
养老保险体系覆盖率

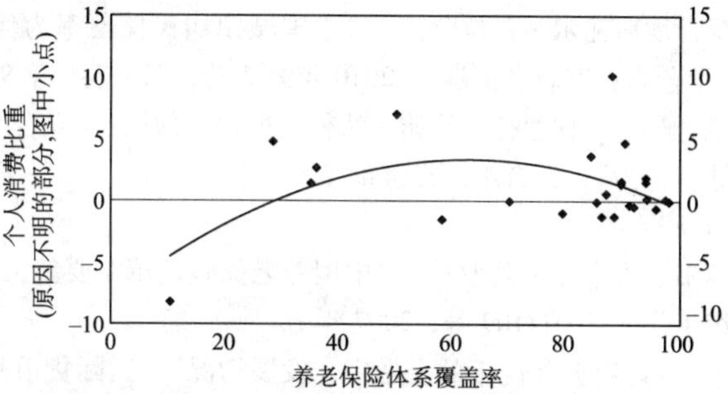

资料来源：IMF 工作人员估算值。

际汇率的变动等。

分析同时指出，中国目前的消费水平与中国特有的历史和文化背景无关。因此，通过适当出台相应领域的政策，可以促进国内消费，使之达到与同等发展水平国家相一致的水平。需要特别指出的是，中国在提高家庭收入、发展资本市场（包括利率自由化、创造储蓄替代工具等）和提高服务业就业比重方面的努力会收到很大的成效。

（郭凯　帕帕·恩迪亚耶）

参考文献：

维韦克·阿罗拉："中国金融政策"，《创新推动发展与政府的作用》，2009 年，第 71—90 页，(华盛顿：世界银行)。

贾汉吉尔·阿齐兹、崔历：《居民收入——中国低消费背后被忽略的因素》，国际货币基金组织工作文件 07/181 号（华盛顿：国际货币基金组织），2007 年。

白重恩、钱震杰："国民收入的要素分配：统计数据背后的故事"，《经济学》第 2 卷，2009 年。

史蒂文·巴奈特、雷·布鲁克斯："政府健康和教育支出对消费的影响"，国际货币基金组织工作文件 10/16 号（华盛顿：国际货币基金组织），2009 年。

罗伯特·巴罗："政府采购的输出效应"，《政治经济学杂志》，1981 年，第 89 卷，第 6 期，第 1086—1121 页。

奥利维尔·布兰查德、弗朗西斯科·吉亚瓦兹："重新平衡中国增长：三手策略"，麻省理工学院经济系工作文件 05—32 号（马萨诸塞州剑桥市：麻省理工学院），2005 年。

马科斯·夏蒙、埃斯瓦尔·普拉萨德："中国城镇居民储蓄率为何日益升高"，《美国经济学杂志：宏观经济学》，2010 年第 2 卷，第 1 期，第 93—130 页。

安德鲁·迪恩、马丁·杜兰德、约翰·法伦、彼得·何勒："经合组织成员国储蓄趋势和储蓄行为"，经合组织经济部工作文件 67 号（巴黎：经济合作与发展组织），1989 年。

史蒂文·达纳韦、维韦克·阿罗拉："中国养老保险改革需要新策略"，国际货币基金组织工作文件 07/109 号，2007 年。

费达翰："中国良好财务状况下的金融中介发展情况"，国际货币基金组织工作文件 09/170 号（华盛顿：国际货币基金组织），2009 年。

郭凯、帕帕·恩迪亚耶："中国再平衡增长带来的就业效应"，国际货币基金组织工作文件 09/169 号（华盛顿：国际货币基金组织），2009 年。

路易斯·库吉斯："中国的投资和储蓄"，政策研究工作文件 3633 号（华盛顿：世界银行），2005 年。

保罗·马森、塔米米·巴尤米、侯赛因·萨米伊："从国际经验看个人储蓄的决定因素"，《世界银行经济回归》，1998 年，第 12 卷，第 3 期，第 483—501 页。

弗兰科·莫迪利亚尼："储蓄生命周期假说：财富需求和资本供应"，《社会研究》，1966 年，第 33 卷（夏季号），第 160—217 页。

弗兰科·莫迪利亚尼、曹实："中国储蓄之谜与生命周期假说"，《经济文献杂志》，2004 年第 42 卷，第 1 期，第 145—170 页。

罗伯特·帕拉西奥斯、J. 帕拉瑞斯－米拉里斯："养老保障的国际化模式"，养老保障改革初级系列，社会保护讨论文件 0009 号（华盛顿：世界银行），2000 年。

内森、艾劳德·塔卡提斯、费达翰：“中国利率自由化”，国际货币基金组织工作文件 09/171 号（华盛顿：国际货币基金组织），2009 年。

社会保障管理:《世界各国社会保障计划》（网址：http：//www. socialsecurity. gov/policy/docs/progdesc/ssptw/），2009 年。

魏尚进、张小波：“中国性别失衡导致高储蓄”，国家经济研究局工作文件 15093 号（马萨诸塞州剑桥市：国家经济研究局），2009 年。

第七章

政府卫生和教育支出对消费的影响

引言

本书之前的章节曾经提到，中国消费占 GDP（国内生产总值）的比例非常低，而且在过去十年中，一直呈下降趋势。因此，扭转这一趋势，促进消费，减少对出口和投资的依赖，从而重新平衡经济增长成为政策的重中之重。中国过低的家庭消费，或者说过高的储蓄通常是出于预防目的。由于中国卫生、教育和养老保险制度尚不健全，个人要承担大部分以上支出。一方面中国家庭选择增加储蓄来应对上述支出，另一方面也是在实行自我保险以解决未来在医疗和养老方面的需求以及不测事件的发生。造成中国过低且不断下降的消费比重的主因是预防性动机，而且这一因素的决定性作用将会越来越大。夏蒙和普拉萨德（2010）在研究中指出，20 世纪 90 年代的国企改革打破了所谓的“铁饭碗”，致使现存的体系崩塌，增加了家庭支出的不确定性。

因此显而易见的是，减少预防性储蓄成为促进消费的重要途径。这一观点也频频出现于各种文献之中。例如，国际货币基金组织（2007）以及布兰查德和吉亚瓦兹（2005）都曾强调过，减少预防性储蓄是重新平衡增长的关键。本章旨在探索政府卫生和教育支出与家庭储蓄的实证关系。

本章经分析之后得到以下主要结论：中国增加政府卫生支出能极大地减少城市家庭储蓄，但增加政府教育支出却不能产生相同的影响。政府每增加一元卫生支出，家庭消费将增加两元。如果政府是以消费的方式而不是转移支付来增加卫生支出，那么总消费（家庭消费和政府消费的总和）将增加三元。对于农村家庭，情况则比较复杂。研究显示，只有在收入较高的省份，政府增加农村卫生支出才会对储蓄产生影响。

我们的研究仅限于家庭消费与政府支出的关系，不包括之前章节所涉及的消费驱动因素等问题。如前所述，与降低储蓄率相比，提高家庭收入可能会更有效地提高家庭消费占 GDP 的比例，这一比例目前仍在持续下降。这说明提高家庭收入的政策也可以促进消费，特别是当这一政策与改善医疗保健系统等能有效降低储蓄率的政策相结合时，效果将更加明显。

本章其他内容包括：下一节将研究中国消费与储蓄的典型事例。随后的部分我们将利用省级有关数据从计量经济学的角度探讨家庭储蓄与政府卫生和教育支出的关系。最后一节回顾主要的研究结果。

中国消费与储蓄的典型事实

消费占 GDP 比例在下降

中国消费占 GDP 的比例一直在持续下降之中。与其他国家相比，该比例也偏低。图 7. 1 清楚地显示了这一点。第一幅图表是不同国家总消费占 GDP 比例的横截面数据图。由于公共消费和个人消费之间具有某种可置换性，如政府提供免费教育意味着个人教育支出的减少，因此必须要看总消费数据。第二幅图显示的是中国家庭消费占 GDP 的比例在持续下降，不过在 2009 年没有变化。

储蓄率上升导致了消费比例的下降（图 7. 2）。家庭调查数据清楚地显示，农村居民和城镇居民储蓄率呈不同走向。城镇居民储蓄率一直稳步上升，而农村居民储蓄率波动性更大，不过最近几年要明显高于 20 世纪 90 年代初期。但是由于城镇居民消费占总居民消费的四分之三，因此导致了总储蓄率总体上升的趋势。

除了过高并且持续上升的储蓄率以外，居民收入增速跟不上 GDP 增速也是导致消费比力下降的主要原因之一（图 7. 3 和图 7. 4）。从 20 世纪 90 年代初至 2009 年，城镇居民人均收入占人均 GDP 比例从近 90% 降至不足 70%。正如第六章所述，居民收入占 GDP 的比例持续下降是导致个人消费占 GDP 比例下降的主要原因之一。

图 7.1

中国及其他国家消费情况

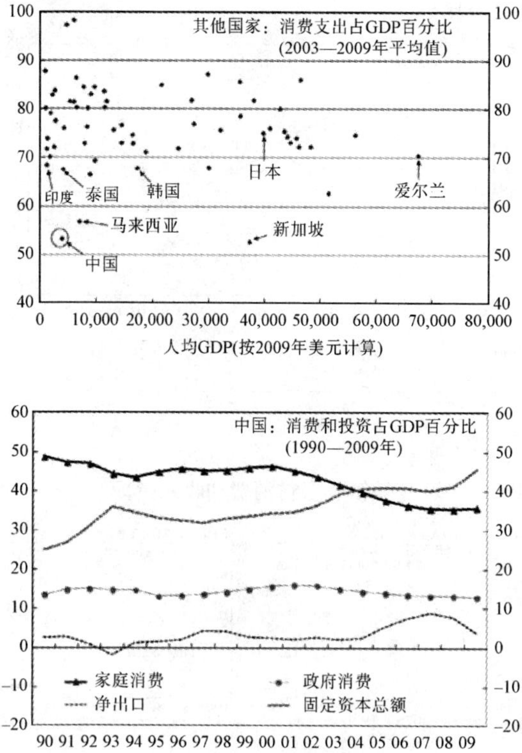

资料来源：香港环亚经济数据有限公司和 IMF 工作人员计算值。

图 7.2

中国：1991—2009 年城镇和农村居民储蓄率（占收入百分比）

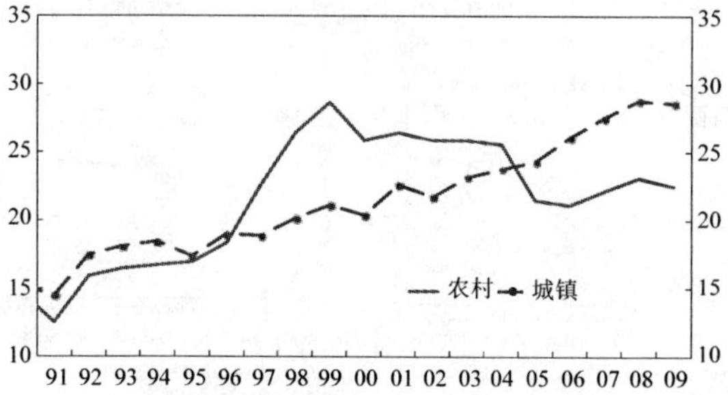

资料来源：香港环亚经济数据有限公司和 IMF 工作人员计算值。

图 7.3

中国：1991—2009 年城镇和农村居民人均收入（占人均 GDP 百分比）

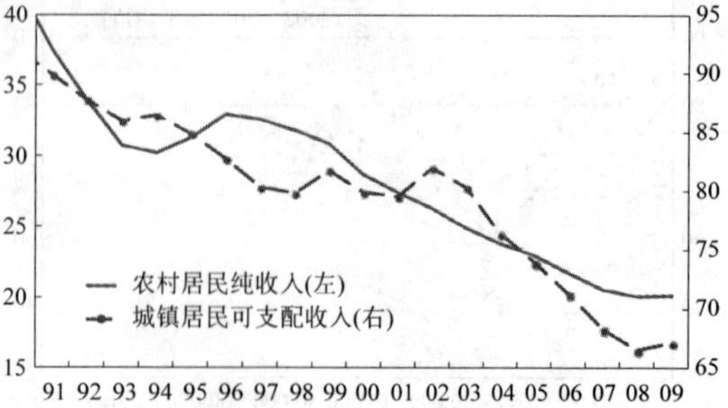

资料来源：香港环亚经济数据有限公司和 IMF 工作人员计算值。

图 7.4

中国：1991—2009 年城镇和农村消费和收入指标

国民经济核算及家庭调查数据均显示城镇居民消费占收入比例呈下降趋势

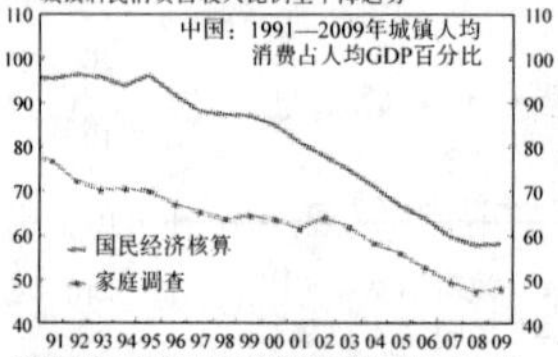

资料来源：香港环亚经济数据有限公司和IMF工作人员计算值。

农村居民消费也呈下降趋势

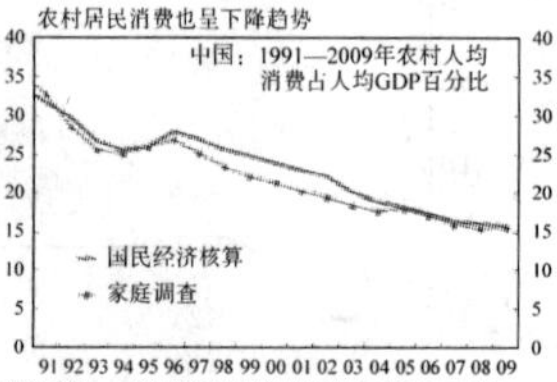

资料来源：香港环亚经济数据有限公司和IMF工作人员计算值。

根据家庭调查数据,城镇居民消费走势不明显

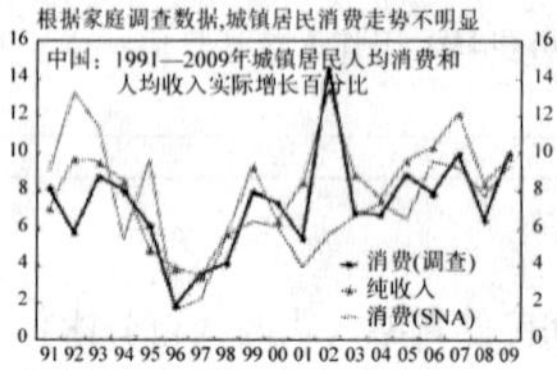

资料来源：香港环亚经济数据有限公司和IMF工作人员计算。

注："SNA"指国民经济核算,"调查"指城镇家庭调查。

根据家庭调查数据,农村居民消费走势也不明显

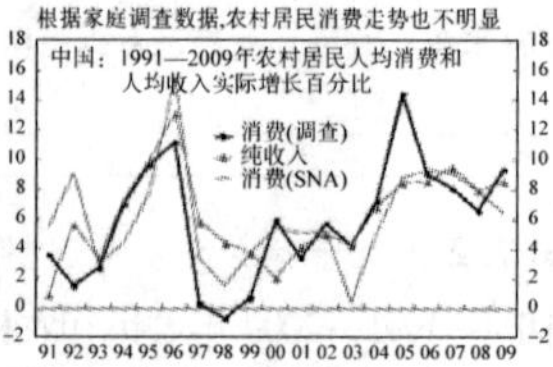

资料来源：香港环亚经济数据有限公司和IMF工作人员计算值。

注："SNA"指国民经济核算,"调查"指农村家庭调查。

城镇人均收入(消费)是农村人均收入(消费)的三倍

资料来源：香港环亚经济数据有限公司和IMF工作人员计算值。

a数值为城镇人均收入(消费)与农村人均收入(消费)比率,数据来自家庭调查。

城市化进程大大增加了城镇消费在总消费中的份额

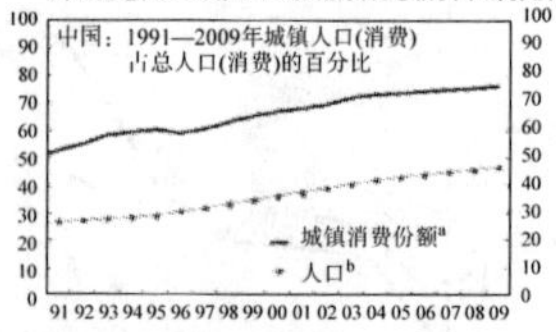

资料来源：香港环亚经济数据有限公司和IMF工作人员计算值。

a城镇居民消费占总居民消费份额；
b城镇居民人口占总人口份额。

资料来源：香港环亚经济数据有限公司和 IMF 工作人员计算值。

公共支出与预防性储蓄的关系

这一部分探讨了中国增加政府卫生和教育支出对储蓄的影响。从收集到的数据可以得到各省在卫生和教育支出方面的变化以及储蓄率的变化。我们所使用的数据是1993—2007年间的。不过我们也利用2003—2007年的短期数据来检查结果的稳健性及对可能发生的结构变化的控制。

对城镇居民和农村居民的分析是分开进行的。如前所示，城镇和农村的储蓄率走势不同，他们的收入水平也存在差异，因此增加政府支出有可能在城镇和农村产生不同的效果。理想状态下，作为变量的政府教育和卫生支出应划分为两个部分，即对城镇的支出和对农村的支出。但是各省的政府支出数据并未按此划分。因此，应该谨慎对待城镇和农村在分析结果上的差异，因为这可能只是反映了政府支出在分配上的差异。

城镇居民

结果显示，卫生支出与城镇储蓄之间存在着一种统计上的明显关联（表7.1）。参数估计值在统计上具有高度相关性且在两个样本中均相当稳定，将教育支出纳入之后仍是如此。估计值是-2，也就是政府在卫生方面每支出1元，储蓄相应减少2元，也就是相当于消费增加2元。这种影响非常巨大。这意味着政府卫生支出每增加GDP的1%，就会使个人消费提高GDP的2%，这样卫生支出每增加GDP的1%，产生的总需求效应就相当于GDP的3%。

政府卫生支出对储蓄的影响比预期的要大。表面上看，政府卫生支出只是代替了个人卫生支出，有可能会提高储蓄率。因为政府在卫生支出方面每增加1元，个人就可以少支出1元，这余下的1元可以用来储蓄或消费。考虑到至少其中一部分会用于储蓄，那么可以得出政府增加卫生支出会提高储蓄率。但是从分析结果看，政府支出并未代替个人支出，而是降低了人们对储蓄的需要。政府提高卫生支出，降低了预防性储蓄的需求，释放了家庭购买其他产品和服务的能力。

表 7.1

中国城镇家庭：储蓄和政府支出[a]

	样本：1994—2007 年				样本：2003—2007 年			
	(1)	(2)	(3)	(4)	(5)	(6)	(7)	(8)
卫生								
估算值	-2.10	…	-1.92	…	-1.94	…	-2.06	…
标准误差	(0.72)	…	(0.86)	…	(0.60)	…	(0.58)	…
P 值	[0.00]	…	[0.03]	…	[0.00]	…	[0.00]	…
教育								
估算值	…	-0.78	-0.44	…	…	0.42	0.66	…
标准误差	…	(1.10)	(1.07)	…	…	(1.20)	(1.07)	…
P 值	…	[0.48]	[0.68]	…	…	[0.73]	[0.54]	…
卫生和教育								
估算值	…	…	…	-0.90	…	…	…	-0.41
标准误差	…	…	…	(0.63)	…	…	…	(0.89)
P 值	…	…	…	[0.16]	…	…	…	[0.64]
R 平方值	0.24	0.22	0.25	0.24	0.19	0.18	0.19	0.18
观测值	285	304	285	285	150	150	150	150

资料来源：香港环亚经济数据有限公司和 IMF 工作人员估算值。

a 所有变量均取一阶差分。因变量为储蓄率，政府支出变量为人均支出占城镇居民人均可支配收入比例（滞后期数为 1 期）。所使用的为省级数据，考虑了固定效应和时间效应。

有证据显示，政府增加医疗卫生方面的支出可能有助于城镇居民进行其他的消费或储蓄。过去五年中，随着政府大幅增加医疗卫生方面的支出，城镇居民医疗卫生支出（数据源于家庭调查）占城镇居民消费的比例下降幅度超过 0.5 个百分点（图 7.5）。但是，国民经济核算数据显示，城镇居民医疗卫生支出的走势并不明显。在过去四到五年中，农村居民医疗卫生支出占农村居民消费的比例有所增加。

关于教育支出的分析得到的结果完全不同。没有证据显示增加政府教育支出可以减少家庭储蓄。系数在统计上没有相关性。实际上，在全样本中系数为负数，而在 2003—2007 年的样本中，系数变为正数。统计上缺乏关联性可能反映了这样一个事实，即政府增加的教育支出大部分用于小学及中学教育，而居民储蓄则指向高等教育。此外，政府教育支出的增长跟不上预期的家庭教育支出的增长。人均教育支出比人均医疗卫生支出的两倍还要高，而且在过去三年里增长迅速。

图 7.5

中国：2000—2009 年卫生和教育支出

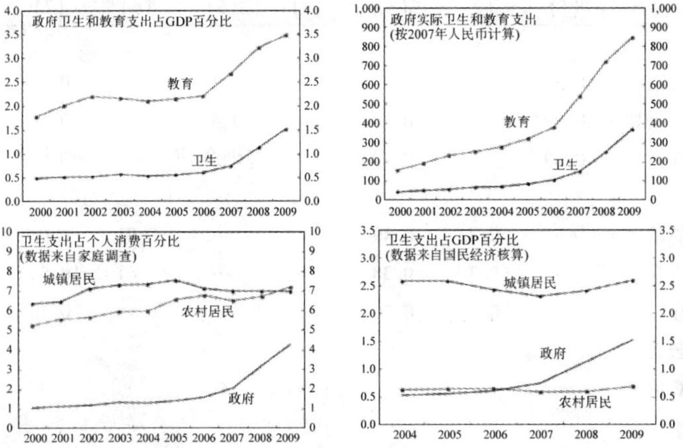

资料来源：香港环亚经济数据有限公司和作者估算值。

农村居民

对农村居民而言，没有证据显示增加卫生支出能减少预防性储蓄（表 7.2）。关于卫生支出的估计系数无统计学意义且始终为正数，这表明政府提高卫生支出实际上可能增加了储蓄。这可能反映了下述事实，即许多农村居民仍处在维持生计的水平，政府提高医疗福利使个人收入有了盈余，而盈余的大部分被用来储蓄了。也可能是省级政府的卫生支出分配到农村地区的份额比较小，因此效果没有城镇地区明显，又或者是公共卫生支出的增加部分与农村居民卫生支出的预期需要相比较少。

同样，没有证据显示政府增加教育支出会影响农村居民储蓄。系数始终为正值，在常规水平上也没有显著的统计学意义，根据 2003—2007 年样本得到的系数也是如此。这是由于政府增加的教育支出只是代替了个人支出，较一致的系数表明这是一种近似于一对一的替代关系。

稳健性检测

中国沿海省份较内陆地区发达，人均收入及城市化水平也比较

表 7.2

中国农村家庭：储蓄和政府支出[a]	样本：1996—2007 年				样本：2003—2007 年			
	(1)	(2)	(3)	(4)	(5)	(6)	(7)	(8)
卫生								
估算值	0.51	…	0.22	…	0.37	…	0.06	…
标准误差	(0.59)	…	(0.58)	…	(0.67)	…	(0.64)	…
P 值	[0.39]	…	[0.70]	…	[0.58]	…	[0.93]	…
教育								
估算值	…	0.45	0.49	…	…	0.91	0.90	…
标准误差	…	(0.36)	(0.38)	…	…	(0.61)	(0.54)	…
P 值	…	[0.22]	[0.20]	…	…	[0.14]	[0.10]	…
卫生和教育								
估算值	…	…	…	0.39	…	…	…	0.53
标准误差	…	…	…	(0.29)	…	…	…	(0.47)
P 值	…	…	…	[0.18]	…	…	…	[0.27]
R 平方值	0.36	0.37	0.36	0.36	0.31	0.32	0.32	0.32
观测值	285	304	285	285	150	150	150	150

资料来源：香港环亚经济数据有限公司和 IMF 工作人员估算值。

a 所有变量均取一阶差分。因变量为储蓄率，政府支出变量为人均支出占城镇居民人均可支配收入比例（滞后期数为 1 期）。利用的为省级数据，考虑了固定效应和时间效应。

高。重新对八个收入最高的省和直辖市①进行回归分析，可能会得出与之前不同的分析结果。这有利于在更大范围内检测结果的稳健性，同时也可以检查出这八个高收入省和直辖市之间是否存在系统差异。

对高收入省份和直辖市农村居民的分析结果显示，政府卫生支出可降低农村居民储蓄率。这与全样本所得结果不同。量值约为 -2，与前面对城镇进行回归分析所得结果相近。这可能是诸多因素共同作用的结果，比如高收入省和直辖市农村居民更富有（与其他地区的城镇居民相近），或者他们从政府卫生支出中获益更多。

对高收入省份和直辖市城镇居民的分析结果显示，政府卫生支出对储蓄的影响与其他地区大致相同。虽然交互项系数始终为负值，但却不具有统计学意义。这表明在高收入省份和直辖市，政府卫生支出对储蓄的影响要稍微强一些。

---

① 这八个省市是北京、福建、广东、江苏、山东、上海、天津和浙江。

其他的稳健性检验也证明，分析政府卫生支出对城镇居民储蓄的影响所得的结果是可靠的。分析过程中引入了不同的解释变量来估算对统计学意义的影响和卫生支出的参数估计值的大小。同时还引入了各种组合形式的变量，包括实际收入增长、通货膨胀和失业率。不论是全样本还是2003—2007年的样本，结果都没有显著变化（报告中未列出）。

巴达奇等人（2010）运用完全不同的方法分析了中国公共卫生支出对居民消费的影响，得出了与我们类似的结果。他们利用模型对一组经合组织国家的社会支出对居民消费的影响进行估计。然后将此模型估计应用于中国，发现卫生支出每增加 GDP 的 1%，居民消费就会增加 GDP 的 2.1%。我们运用中国的省级数据，在分析城镇居民时，也发现了相同的数量关系。此外，他们的模型还显示，教育支出每增加 GDP 的 1% 会促使居民消费增加 GDP 的 0.7%。这一点与我们的发现不同。

结论

这一章的主要发现是，增加政府卫生支出可以减少城镇居民储蓄。这说明扩大公共医疗卫生系统的覆盖范围对居民的预防性储蓄有很大的影响。这一影响的量化值很大，而且在相关条件改变时具有稳健性。结果表明，政府卫生支出每增加 1 元会使城镇居民消费增加 2 元。

但是在分析农村居民的情况时，我们发现除了高收入的省份和直辖市外，在其他农村地区政府卫生支出对储蓄影响不大。我们的分析结果还显示，增加政府教育支出对城镇和农村的储蓄影响都不大。这样的结果在意料之中，因为更多的人是为卫生支出而不是教育支出才进行预防性储蓄的。在这两种情形中，政府增加支出会对储蓄产生两种相反的影响。第一，可能会增加储蓄。因为，公共支出代替了个人支出，使个人的收入增加，而增加的一部分收入会被用于储蓄。第二，可以减少储蓄。要减少储蓄，政府教育或卫生支出需要具有另外的影响，例如，减少人们预防性储蓄的动机。由于储蓄的主体人群中老年人居多，他们储蓄多数是为了支付医疗卫生费用，而不是家庭成员的教育费用。因此可以预测，改善公共医疗卫生系统要比扩大免费公共教育范围对家庭储蓄的影响更大。

虽然分析结果显示，在农村地区政府医疗卫生支出对消费没有影响，但2009—2011 年实行的新的医疗改革有可能会改变这一结果，从而促进农村消费。在“十一五”计划中，与教育和社会保障等相比，政府选择优先发展卫生系统。瓦格斯塔夫等人（2009）所作的综合研究显示，虽然中国在改善农村医疗卫生系统方面取得了进步，如快速推进农村地区全覆盖，但依然面临许多挑战。研究还发现，中国医疗体制上存在的不均等至少部分反映了政府卫生支出的不均等性。此外，政府卫生支出不成比例地向较富裕的人群倾斜。这反映出政府卫生支出的一多半被用来支持城市保险计划，而大部分参保人员，即使在城镇地区，也属于高收入人群。政府支出向贫困的农村地区倾斜以及提高公共医疗效率等措施将成为改善健康水平和影响消费行为的关键因素。

最近几年，中国在扩大农村地区医疗保险覆盖范围方面取得了很大进步，在城镇地区，医疗保险几乎达到了全覆盖的程度（国际货币基金组织，2010）。近期的改革包括，兴建医院和社区卫生服务中心，补贴医疗保险保费和增加医疗工作者人数。政府优先考虑的事项包括，投资改善基层和社区护理设施，加快推进全民覆盖的医疗体系的建设（特别是要覆盖全体农民和农民工），下调自费额度。此外，政府计划在 2009—2011 年，增加卫生支出预算 8500 亿元（相当于每年 GDP 的 2. 25%）。根据本章的分析，这些将极大地促进居民消费。

（史蒂文 · 巴奈特　雷 · 布鲁克斯）

参考文献：

贾汉吉尔 · 阿齐兹、崔历：“居民收入——中国低消费背后被忽略的因素”，国际货币基金组织工作文件 07/181 号（华盛顿：国际货币基金组织），2007 年。

伊曼纽尔 · 巴达奇、吉奥范尼 · 卡莱加利、大卫 · 寇迪、丁丁、曼莫汉 · 库玛、彼得 · 汤马西诺、吴在中：“中国社会福利公共支出与居民消费”，国际货币基金组织工作文件 10/69 号（华盛顿：国际货币基金组织），2010 年。

奥利维尔 · 布兰查德、弗朗西斯科 · 吉亚瓦兹：“重新平衡中国发展：三手策略”，麻省理工学院经济系工作文件 05—32 号（马萨诸塞州剑桥市：麻省理工学院），2005 年。

马科斯·夏蒙、埃斯瓦尔·普拉萨德：“中国城镇居民储蓄率为何日益升高”，《美国经济学杂志：宏观经济学》，2010 年第 2 卷，第 1 期，第 93—130 页。

国际货币基金组织：“中国再平衡困难重重”，国际货币基金组织网上调查，2007 年 12 月 9 日（网址：http：//www. imf. org/external/pubs/ft/survey/so/2007/CAR0912A. htm）。

国际货币基金组织：“中华人民共和国：2010 年第四条磋商工作人员报告”，国际货币基金组织国家报告 10/238 号（华盛顿），2010 年。

亚当·瓦格斯塔夫、麦格努斯·林德罗、王世勇、张硕：《中国农村卫生改革》，（华盛顿：世界银行，7 月），2009 年。

第八章

融资渠道与家庭储蓄

引言

在许多亚洲经济体中，家庭消费占 GDP 的比例低于国际标准（图 8.1）。而且近年来，在亚洲主要国家中，这一比例还在持续下降。与 20 世纪 90 年代相比，亚洲新兴经济体消费占 GDP 的比例下降了 2 个百分点。

许多文献研究显示，亚洲新兴经济体需要扩大内需。在中国，家庭收入占 GDP 的比例较低，储蓄率较高，这都限制了消费。通常认为，家庭面临的风险不断增加以及社会福利缺失导致的预防性储蓄是造成高储蓄率的原因（夏蒙和普拉萨德，2010）。因此，加大社会保障体系建设的投入力度可以减少预防性储蓄。在大量文献的基础上，我们着重研究金融市场的配套改革及其对家庭消费的影

图 8.1

按不变价格计算的个人消费开支

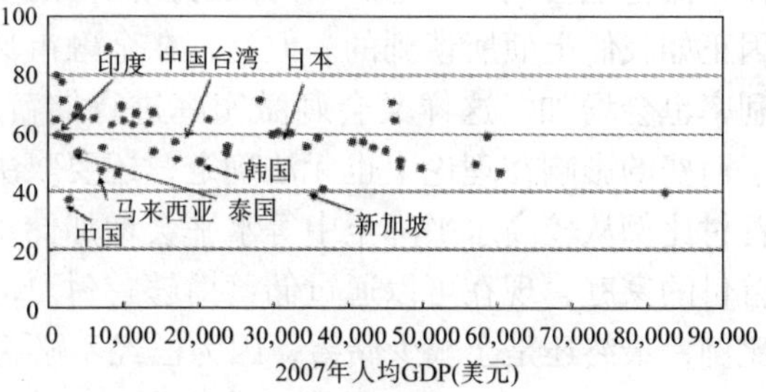

资料来源：国际货币基金组织的世界经济展望（WEO）数据库。

响。①

本文将更为具体的分析金融发展的不同水平，特别是家庭融资渠道对家庭消费和储蓄的影响。金融自由化涉及各个方面，其中一些可以促进消费。如，放宽对家庭消费信贷和住宅信贷的管制，可能会降低家庭储蓄率。改革措施包括很多内容，如取消信贷限额和定向信贷、改善银行监管、取消准入壁垒和利率控制以及私有化和证券市场改革。

金融改革及随之而来的融资渠道的改变会影响家庭储蓄的水平和选择储蓄的时间。融资渠道的改变可以在几个方面对储蓄产生影响。推广消费信贷可以促使家庭购买整体商品或者高价商品，从而对消费产生直接影响。贷款还可以帮助家庭应对不利事件的冲击，使家庭无后顾之忧，从而减少预防性储蓄。例如，家庭累积储蓄是为避免收入减损带来的冲击（例如失业）或为意外支出做储备（例如家庭成员患病）。

如果家庭融资渠道有限，人们只能利用自我保险来应对这些不利冲击，由此导致消费过低。例如，如果十个家庭中实际上只有一个会遭遇不测事件的冲击，那么其他九个家庭的存款是没有派上用场的，而遭遇冲击的家庭的存款可能又不足以应对冲击。如果可以利用保险应对此类冲击，就可以分担部分风险，相应减少家庭应对预期冲击的存款，那么消费总量就会增加。不过即使在金融市场发达的国家，靠保险来应对此类冲击也非易事。但是，与单纯的自我保险相比，提供相应渠道使家庭在不利冲击发生后可以借款，可以促进总消费。

我们假设金融发展可以促进消费，但从理论上讲，这种效果可能很模糊。例如，在金融市场自由化程度较高的国家，家庭可能拥有更多的融资途径，储蓄也会减少，这是因为预防性储蓄的动机没那么强烈了。其原因正如我们上面所谈到的。但是，在金融市场自由化较高的情况下，利率也会增加，这样又会刺激家庭进行储蓄。与此类似，抵押贷款对于消费的影响在理论上也无法确定，还要取决于起点水平的高低。将首付比例从较高水平降至中等水平会增加储蓄，因为原来根本付不起首付的家庭，现在可以通过储蓄攒够首付。但是如果进一步降低首付比例，最终还是会减少储蓄，因为已经不必再为首付而减

① 虽然自然状态下会发生一些重新平衡消费的现象，如，一些为一次性事件所进行的储蓄（由住房改革引起的）。但总地来说，随着中国市场化程度越来越高，家庭不得不以增加储蓄作为缓冲来应对新的经济环境的冲击，这有可能使储蓄率再创新高。

少消费来增加存款了。考虑到中国的金融发展水平和家庭贷款的门槛，有理由假设进一步发展抵押贷款可以促进消费。

这一章主要探讨金融发展和改革对家庭消费的影响。通过对多个国家的分析，估算出家庭消费占 GDP 比例与金融发展措施及金融改革参数之间的实证关系。通过比较得出的结果非常有用，但我们也考虑到了这些结果的局限性。因此我们在后面补充讨论了中国采取更具体的金融措施是否能拓宽家庭贷款渠道并且促进消费，并且针对巴西和韩国进行了案例研究。

对金融改革和家庭消费关系的实证研究

数据和方法

我们假设金融发展水平对家庭储蓄会产生影响，并利用与第四章类似的办法，对一组多国数据进行回归分析来验证这一假设。

我们用计量经济学的办法，通过对一段时间内几个新兴市场的分析，得出家庭消费占 GDP 的比例与金融发展和改革的关系。

我们在回归分析中使用的是国民经济核算中关于家庭最终消费支出的数据，几乎所有国家都有这方面的数据可供利用。家庭可支配收入占 GDP 的比例方面可利用的数据并不多，只有一些国家有这方面的数据。但考虑到这一变量对理解消费的重要性，我们仍然在分析中加入了这一变量。这样可供利用的样本数据就仅限于 24 个发达经济体和新兴经济体 1980 年以来的数据。

回归分析中考虑的可能影响消费的其他因素包括，按购买力平价换算的人均 GDP 的对数形式以及前面分析家庭储蓄应用过的一组金融变量：私营部门信贷与 GDP 比值、M3 与 GDP 比值、实际利率以及通货膨胀。以上数据均可在世界银行发展指标中查到。[①]我们在分析中也应用了阿比阿德、德特拉贾凯和特雷塞尔 2008 年的数据库中的金融改革计量标准。衡量这些标准的指数为：准入壁垒（例如，许可证要求和外资银行参与限制）、利率和信贷控制、金融部门私有化、国际金融限制、安全市场限制、银行监管质量以及总体金融改革指数（图 8.2）。

---

① 想要了解模型中加入更多的变量后（如人口特征、财政政策等），个人消费在一些国家产生的变化，请参见罗扎，施密特－赫伯尔和塞尔文在 2000 年所作的研究。

图 8.2

金融改革指标，2005 年

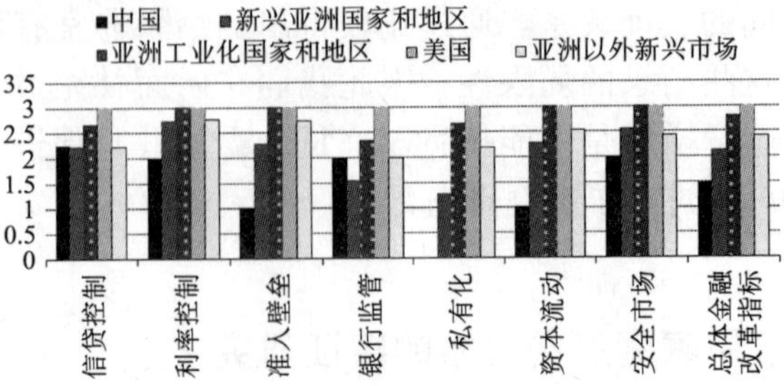

资料来源：阿比阿德、德特拉贾凯和特雷塞尔（2008）。

图 8.3 比较了一组新兴市场的主要变量。家庭消费占 GDP 的比例在亚洲普遍较低，而中国的这一比例更是远低于其他亚洲国家和地区（图 8.3，左上）。亚洲国家私营部门信贷占 GDP 的比例较高，在中国亦是如此，尤其是在考虑到中国的收入水平之后（右上）。但是中国的总体金融改革指标较低（左下）。中国的抵押贷款市场的发展看起来与收入水平大体上相一致（右下）。中国的高储蓄率为贷款发展提供了动力，因此中国的贷款发展水平较高。但是其中消费贷款和家庭贷款所占的比重较小。

结果

表 8.1 显示的是用最小二乘法（OLS）回归计算得到的结果。[①] 我们并未采用基于各个国家的固定效应分析，因为这样可以在更大范围内掌握相关变量的变化数据。也就是说，虽然固定效应模型可以采集到各国之间的数据没有显示的变化性（不随时间改变），但是由于各国在金融变量和家庭收入占 GDP 的比例方面存在很大差异，如果采用固定效应，便无法测出这些变量对消费产生的影响。

私营部门信贷与 GDP 比值、M3 与 GDP 比值这两项反映金融市场深度的指标符号相反，一正一负（这两项之间的高度相关性会对

① 结果显示了稳健的标准误差。

图 8.3

一些国家和地区的家庭消费、信贷和金融改革

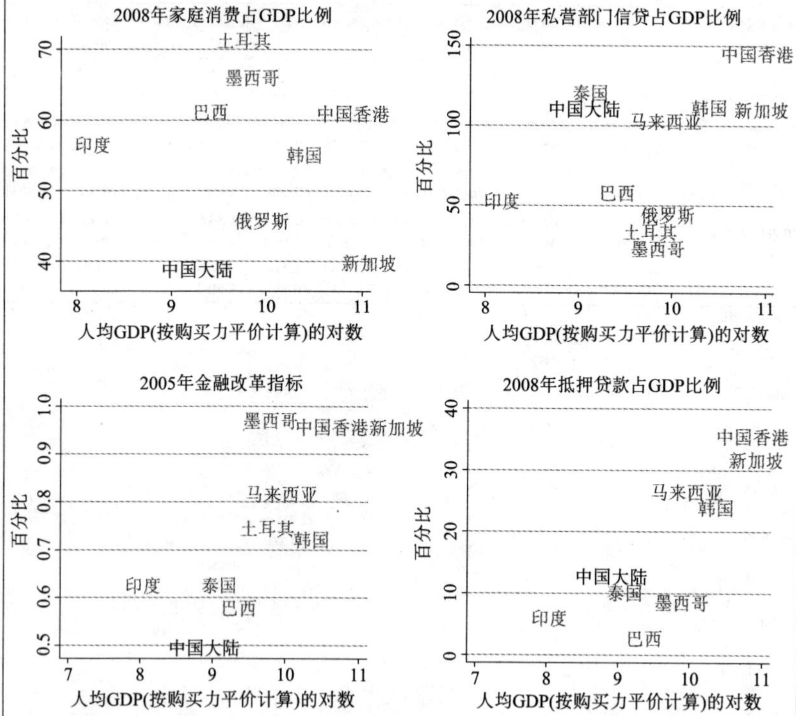

资料来源：联合国统计司、世界发展指标、阿比阿德、德特拉贾凯和特雷塞尔（2008）以及各国数据。

估算结果产生干扰）。[①] 但是从表面值看，私营部门信贷占 GDP 的比例每增加 1 个百分点，使消费占 GDP 的比例会升高 0.05 个百分点。点估计表明，实际利率每升高一个百分点，消费占 GDP 的比例会升高 0.1 个百分点。但是由于由此产生的收入效应与替代效应对消费具有相反的作用，理论分析无法得出上述结果。回归分析得出的拟合值显示，2008 年中国消费占 GDP 的比例应该是 46%，而不是实际的 37%。上述估算过程中应用了家庭可支配收入占 GDP 的比例。中国的这一项数值非常低，在 2008 年还未达到 60%。

① 有时，信贷与 GDP 比值高可能反映了储蓄供应情况以及对银行融资的依赖，并不表示金融系统很发达。

表 8.1

各国家庭最终消费支出决定因素占 GDP 的比例

解释变量	1	2	3	4	5	6	7	8	9	10
家庭可支配收入占 GDP 比例	0.739 ***	0.676 ***	0.703 ***	0.704 ***	0.652 ***	0.747 ***	0.706 ***	0.717 ***	0.699 ***	0.701 ***
	[0.037]	[0.033]	[0.036]	[0.037]	[0.035]	[0.033]	[0.040]	[0.035]	[0.035]	[0.038]
人均 GDP（按购买力平价计算）的对数	0.789	-0.738	0.464	0.426	-0.793	0.227	0.505	0.292	-0.048	-0.009
	[0.496]	[0.480]	[0.518]	[0.526]	[0.497]	[0.436]	[0.551]	[0.464]	[0.491]	[0.621]
私营部门信贷占 GDP 比例	0.050 ***	0.028 ***	0.038 ***	0.041 ***	0.046 ***	0.038 ***	0.041 ***	0.024 ***	0.039 ***	0.046 ***
	[0.007]	[0.008]	[0.008]	[0.008]	[0.007]	[0.007]	[0.007]	[0.009]	[0.008]	[0.008]
实际利率	0.109 ***	0.097 ***	0.133 ***	0.131 ***	0.056 ***	0.090 ***	0.100 ***	0.102 ***	0.097 ***	0.106 ***
	[0.026]	[0.019]	[0.025]	[0.025]	[0.021]	[0.020]	[0.024]	[0.023]	[0.022]	[0.025]
M3 占 GDP 比例	-0.076 ***	-0.047 ***	-0.059 ***	-0.061 ***	-0.066 ***	-0.057 ***	-0.064 ***	-0.051 ***	-0.065 ***	-0.068 ***
	[0.008]	[0.008]	[0.009]	[0.009]	[0.008]	[0.007]	[0.009]	[0.008]	[0.008]	[0.008]
对数（1+通胀）	-13.455 *	13.701	-2.456	-2.323	-2.391	2.539	-6.006	-9.951	-4.896	-7.003
	[7.326]	[8.465]	[8.811]	[8.904]	[7.584]	[6.688]	[8.519]	[7.140]	[7.979]	[8.462]
金融改革指标										
金融改革总体		10.648 ***								
		[1.536]								
定向信贷			0.879 ***							
			[0.305]							
信贷控制				0.834 ***						
				[0.317]						
利率控制					2.041 ***					
					[0.328]					
准入壁垒						2.132 ***				
						[0.272]				
银行监管							0.576 **			
							[0.228]			
私有化								1.271 ***		
								[0.231]		
国际资本市场									1.398 ***	
									[0.372]	
证券市场										1.079 **
										[0.527]
常数	4.231	13.769 **	6.593	6.959	19.143 ***	3.303	7.76	8.314	11.070 *	11.089
	[6.442]	[6.009]	[6.584]	[6.615]	[6.261]	[5.972]	[6.921]	[6.058]	[6.174]	[7.026]
观察数据	421	401	401	401	401	401	401	401	401	401
R 平方值	0.654	0.711	0.67	0.669	0.699	0.721	0.667	0.688	0.676	0.667

资料来源：IMF 工作人员估算。

a 括号中为稳健标准误差。*、**和 ***分别表示在 10%、5% 和 1% 的统计显著性。总体金融改革指标取值范围为 0-1，每一分项金融改革指标取值范围为 0-3（两种情况下都是指标的值越大表示金融市场发展程度越高）。

我们分析的重点是中国，因为中国消费占 GDP 的比重异常低，而印度的这一项数值也较低。回归模型分析结果显示，印度消费占 GDP 比例的实际值要比拟合值低 9 个百分点。但是，2008 年，印度的这一项数值为 56%，比中国高了将近 20 个百分点。

在金融改革变量方面（表 8.1，2-11 项），分析结果显示，金融改革确实能提高家庭消费占 GDP 的比例。第二项中的总体金融改革指标取值范围为 0 到 1，2005 年中国这一项数值为 0.49。回归结果显示，将2005年中国的总体金融改革指标增加到同期韩国的水平0.71，可以把消费占GDP的比例提高2.4个百分点。而移动到最高水平，将会把这一比例提高超过5个百分点。虽然提高幅度很大，但中国的消费水平与世界平均水平之间仍有很大差距（世界平均水平为50%）。对印度的分析显示，将2005年印度总体金融改革指标提高到韩国的水平，消费占GDP的比例只增加了1个百分点。

由于金融改革指标之间的相关性，我们每次只考察各个指标中的一项。分析结果见表8.1，3－11项。每一项指标的取值范围为0到3。在其他均保持不变的情况下，改变其中任项指标的取值，对消费的影响都弱于改变总体指标产生的影响。例如，将中国的银行监管质量一项移动到最高水平，消费占GDP的比例只增加了0.6个百分点，而将中国的准入壁垒一项移到最高水平，消费占GDP的比例将增加4.3个百分点。

结果显示，通过金融改革拓宽家庭贷款渠道可以促进家庭消费。但是中国要想达到世界平均水平，必需找到导致消费过低的根本原因，并采取相应措施。这些根本原因包括，家庭收入占GDP比例过低，大量的预防性储蓄以及不够完备的社会保障体系等。我们的估算结果显示，将中国家庭可支配收入占GDP的比例从60%提高到国际平均水平70%，消费占GDP的比例将会增加7个百分点。考虑到中国的金融部门分配给资本密集型产业的贷款份额过大，中国可以发展金融将更多的贷款投入到劳动密集型产业中，这样可以提高家庭可支配收入占GDP的比例，直接促进消费。

虽然金融发展并不是解决消费过低的最有效的手段，但对其他方面的工作是一个有益的补充，因此值得尝试。政策制定者应该考虑采取那些能够极大促进消费却又不会引起系统风险的政策。下面我们将详细分析几个具体案例，提出其中值得中国借鉴的地方。

案例研究

这一部分我们将对几个在融资渠道方面进行金融改革的国家进行案例研究，主要分析改革对贷款行为和家庭决策的影响。我们主要研究以下三个案例：巴西利用公共部门工资作为抵押的工资日贷款、韩国的抵押贷款以及韩国信用卡的发展。此外，鉴于中国汽车需求的增长，我们还将讨论汽车贷款的作用（见专栏8.1）。

专栏 8.1

汽车贷款在中国的潜力

夏蒙、马诺和大川（2008）对各国进行的研究表明，收入水平和汽车拥有量之间有着明显稳定的关系。人均收入低于5000美元时，汽车拥有量很低，但是超过5000美元之后，汽车拥有量迅速增加。中国目前正处在汽车拥有量迅速增长的阶段。虽然大城市经常发生交通堵塞，但中国汽车拥有量仍然很低，仅为3%。不过其他国家的经验表明，中国的汽车拥有量即将迅速增长。

由于中国的初始收入水平较低，只有小部分富裕家庭买得起汽车。但随着收入增长，越来越多的家庭达到了可以买车的收入水平。假设收入达到人均35000元时，一个家庭可以考虑买车，那么达到这一收入的人口占总人口的比例在2008年为20.6%，2011年上升到27%，而在2014年这一比例将达到34.7%。[a]根据夏蒙、马诺和大川（2008）的估算，中国汽车拥有量在2005年为2000万辆，到2010年将超过5000万辆，而到2015年将会达到8700万辆。如果汽车金融也同时扩大，将会进一步刺激这一需求，从而使中国汽车拥有量增长更加迅速。

最初，汽车贷款是由银行提供的，但由于较高的不良贷款比率，许多银行退出了这一市场。2004年开始，汽车公司也可以为汽车购买者提供资金支持，这填补了银行撤出后导致的市场空白。理论上说，考虑到拥有现实存在的抵押品（即购买的汽车），汽车贷款对借出者而言相对安全。但实际上，还需进一步发展汽车登记方式和留置权记录方式，才能更好地避免借款者在违约的同时还拥有车辆，并避免在索取抵押品时产生额外费用。随着汽车贷款市场日渐成熟，风险越来越小，银行重新对这一市场产生了兴趣。

汽车拥有量的预期增长可以大大促进消费，但这一扩张也带来了其他方面的问题，例如，基础设施建设、城市规划、环境问题等。因此，虽然汽车贷款是一种值得发展的促进消费的方式，并且是中国富裕的象征，但在制定政策促进汽车金融发展的同时，还必须考虑适时出台相关的配套政策，避免其在促进消费的同时引起其他问题。例如，大城市人口密度较大，因此在制定政策刺激汽车消费的同时必须考虑交通问题。

---

a 研究中使用的数据来自于国际货币基金组织和《世界经济展望》。研究过程中，假设家庭收入占GDP比例为57%，并假设收入服从对数正态分布，研究中采用的基尼系数为0.45。

案例研究一：巴西工资贷款

在巴西，消费者融资的渠道仍十分有限。过去十年中，个人贷款实际利率的平均值超过50%，而信用卡利率和银行透支利率经常达到三位数。虽然利率很高，但个人贷款占私营部门信贷的比例仍然达到了35%，其中还不包括住房贷款。这一项仅占私营部门贷款的9%。

政策变动及影响

贷款在巴西大范围扩张的原因还是个谜。对信用风险的顾虑肯定是贷款扩张的一个原因，但是税、高存款准备金、定向信贷以及银行业有限的竞争都能促使贷款扩张。工资贷款在个人信贷中增长较快。工资贷款是指允许个人将未来工资收入或养老金中的一定份额作为抵押品获得贷款。银行可以从工资或养老金中扣除应偿还的贷款。例如，如果一个人每月收入为1000美元，每月应偿还的贷款为50美元，那么银行会自动从其收入中扣除这50美元，即借款人账户中只能收到950美元。这在理论上可以防止违约风险，但还需要考虑失业风险（主要是私营部门员工）和寿命风险（主要是以养老金为抵押的贷款者）。巴西在20世纪90年代初开始实行工资贷款，但范围仅限于政府部门工作人员，且必需经由私产机构办理此项业务。私产机构相当于公共管理机构的信托公司。到90年代末期，银行注意到了其中潜在的利润，于是纷纷成立了自己的私产机构。巴西的工资贷款是在2003年9月相关此类贷款的法律出台后才开始繁荣发展的，这项法律使私营部门的正式员工及参加了公共管理的现收现付养老金系统的退休人员也可以申请此类贷款。

仅在两年内，工资贷款就占到巴西所有个人贷款的20%。目前，巴西工资贷款占GDP的3.5%。从2004年开始，工资贷款、其他个人贷款以及住房贷款均开始增加（图8.4）。工资贷款的平均年利率为30%，大大低于其他个人贷款。造成利率差距的原因是借贷者的类型、借贷期限及借贷总量的不同。罗德里格斯等人（2006）利用相关数据估算了薪金抵押对贷款扩张的影响。根据他们2003年12月所进行的样本估算，工资贷款和其他个人贷款在利率上的差别为25个百分点。在估算中发现，排除借贷者和贷款特性（诸如贷款期限和总量）方面的差异对利率的影响之后，可以发现，仅薪金抵押一项因素就使贷款的利率要低13个百分点。虽然银行曾经在扣除薪金中的贷款时发生过错误，并由此引发违约事件，而且还曾有借款

图 8.4

2004—2009 年巴西个人贷款和住宅信贷总量

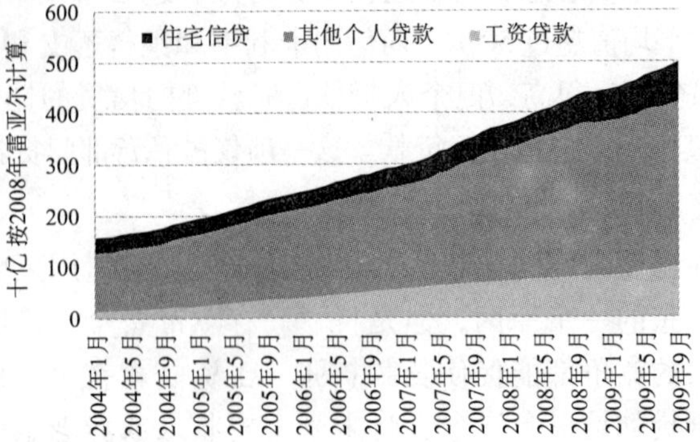

资料来源：巴西中央银行。

人因此上诉，并在法院裁决中获胜，但是工资贷款依然很受欢迎（科斯塔和德梅勒，2006）。

对中国的启示

在中国实行工资贷款可以促进消费吗？中国的情况与巴西有很大差别，巴西人更倾向于消费，因此家庭储蓄很少。不过即使中国在消费支出方面对工资贷款的需求量有限，但工资贷款仍可以抑制部分预防性储蓄。工资贷款会使家庭更容易处理预料之外的冲击，可以替代自我保险，减少预防性储蓄的动机。例如，有些人储蓄是因为年老的父母可能会生病，需要花费大笔的医疗费，但如果他们知道在需要的时候可以用自己的薪金作抵押又容易又快地借到钱，可能就会少储蓄一些。也就是说，仅仅只是有使用薪金作抵押贷款的可能性就可以促进消费，虽然可能最终并未实际发生借贷行为。工资贷款还可以用来应对家庭在建设住房、婚礼等方面的大笔支出，从而减少储蓄需要。

虽然工资贷款对消费的促进作用有限，但是施行工资贷款政策的风险也很小，因此值得尝试。可以从公共部门的员工开始，因为这些员工的薪金是政府可以控制的。而且公共部门员工面对的不确定性要小于国有企业和私营部门的员工，因此可能预防性储蓄也比较少。但是，公共部门员工的配偶通常在其他部门工作，因此不应低估工资贷款对于预防性储蓄的潜在影响。如果考虑到公共部门员工的亲属，如孩子和父母，这一影响可能更大。政府可以自行施行工资贷款，如允许预支工资，但要付一定的利息。允许银行部门管理贷款也有好处，可以促进金融发展。

将这项措施扩大到其他部门的员工可能会遇到一些困难，因为他们的未来收入具有较大的不确定性。例如，有人储蓄是怕将来会失业，那么工资贷款对这样的人意义不大。但是政府可以出台明确的相关法规，允许银行根据具体情况自行判断某种薪金是否适合作为抵押。还可以将工资贷款的范围扩大到部分拥有养老金账户的人。可以先在公共部门的员工间进行试点，然后稳步扩大到国有企业和私营部门的员工。

案例研究二：韩国的抵押贷款改革

从 20 世纪 90 年代中期开始，抵押贷款市场在亚洲大幅扩张，但是各国抵押贷款的发展很不平衡。在香港、新加坡、韩国和马来西亚等一些地区和国家，抵押贷款占 GDP 的比例超过 30%。但在中国和印度，抵押贷款发展缓慢，占 GDP 的比例分别是 10% 和 5%，有很大的上升空间（图 8.5）。

亚洲抵押贷款市场上主要是浮动利率产品，平均贷款价值比为 70%—80%，一般合同期限为 10—20 年。之前应用群集分析进行研究的结果显示，对于抵押贷款发展程度极不平衡的各个亚洲国家来说，抵押贷款合同上的差异是可以忽略的（朱海滨，2006）。研究文献还指出，如果一个国家关于借方和贷方的法律系统更完备，信用调查系统更成熟，宏观经济环境更稳定，那么它的住宅信贷体制也会更发达（V · 瓦诺克和 F · 瓦诺克，2008）。一些国家没有完备的产权登记体系，建立一个可靠的产权登记体系对这些国家十分有利。

图 8.5

中国及其他亚洲国家和地区抵押贷款市场规模
——2003—2008 年平均值（占 GDP 百分比）

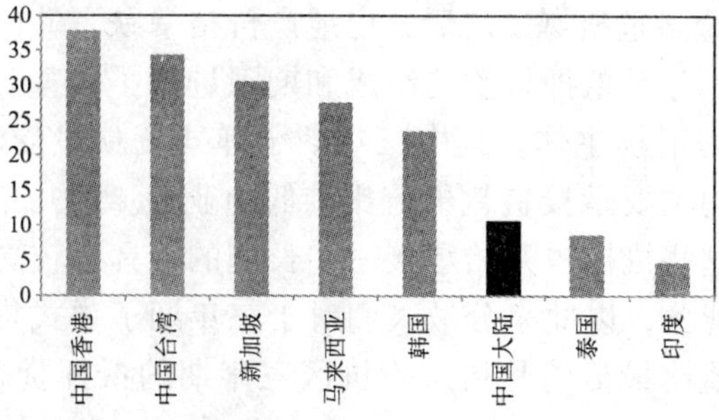

资料来源：香港环亚经济数据有限公司。

许多地区的抵押贷款二级市场仍有待进一步发展。

政策变动及影响

20 世纪 90 年代开始，韩国逐渐放宽对住宅信贷的管制，开始了利率自由化和金融自由化进程。亚洲金融危机之后，韩国着重进行了金融改革，其中包括对住宅信贷的改革。1997 年，韩国住宅银行私有化，这家银行是抵押贷款的主要提供者（1995 年市场份额达到 75%）。而且历来只进行企业贷款的商业银行也开始提供抵押贷款。另外，韩国还涌现出一批抵押贷款银行和专门的信贷公司。这些改变使住宅信贷产业竞争更加激烈。

旨在发展二级抵押贷款市场的改革开始于 1999 年。改革之初设立了韩国按揭证券公司，开始了贷款证券化过程。政府还制定了全面的资产担保证券法来支持资产担保证券的发展。这其中也包括抵押，因此还促进了二级抵押市场的迅速发展和壮大。此外，韩国还通过了《抵押担保证券公司法案》。2004 年韩国住宅信贷公司的成立，极大地推动了长期固定利率抵押贷款和抵押担保证券在韩国的发展。

韩国还出台相关政策抑制房价上升，防止投机活动。这些政策从侧面促进了抵押市场的发展。这些政策包括：[①]

- 延长免税期限
- 提高房价税费的起征点
- 提高财产税
- 指定投机区，限制那里新公寓的转售（2002）
- 进一步收紧贷款价值比，将其控制在 60% 以内（2002）
- 严格控制重复抵押贷款行为（2005）
- 提高抵押贷款的贷款损失准备金

2008 年金融危机爆发之后，房地产价格暴跌，韩国取消了其中的一些政策，并对抵押贷款的组成和期限进行了调整。最近，短期抵押贷款成为市场主体，其中三年期子弹式贷款最受欢迎。过去，抵押贷款机构主要承接贷款价值比较低的业务。近几年，由于监管政策放宽，这些机构也开始承接一些长期的、具有较高贷款价值比的抵押贷款业务，以此来分散人们对于三年期子弹式贷款的过分追逐。贷款价值比最低的是指定投机区三年期的抵押贷款，为 50%，

---

① 丁在淳，2009。

最高的是10年期的抵押贷款，为70%。监管上的变化引起的结果是，2008年10年期以上的抵押贷款占抵押贷款总量的比例达到60%（图8.6）。大多数住宅贷款都是浮动利率产品，固定利率抵押贷款只占总量的5%。这种情况下，一旦遭遇利率暴涨，抵押贷款家庭将无法应对，因此会导致高违约率。

随着韩国抵押贷款市场的不断深化，消费占GDP的比例也随之增加。尽管韩国较低的贷款价值比有可能使人们为首付进行储蓄，但实际上却未导致家庭储蓄的升高。相反，消费占GDP的比例上升到了55%，在亚洲新兴经济体中是最高的国家和地区之一（图8.7）。

图8.6

韩国：2004—2008年按期限划分抵押贷款比重

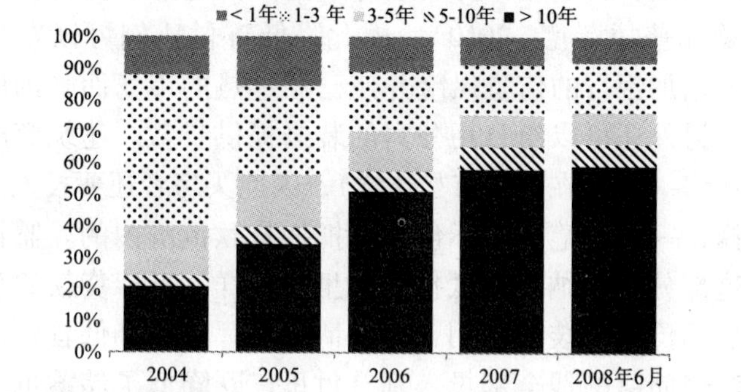

资料来源：韩国金融监督院。

图8.7

韩国：2004—2008年抵押贷款和消费情况

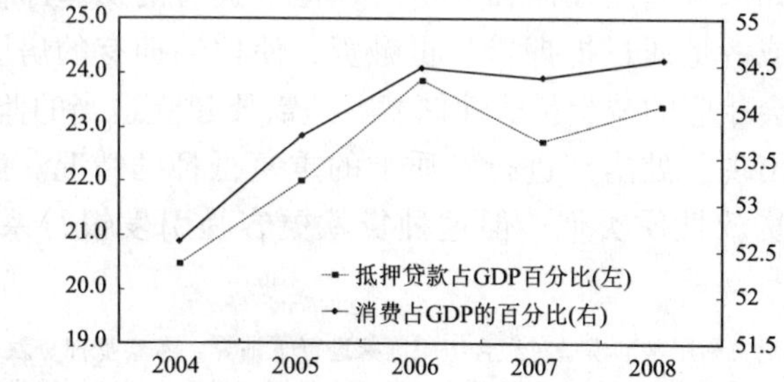

资料来源：香港环亚经济数据有限公司。

对中国的启示

虽然抵押贷款市场在中国发展很迅速，但仍然有很大的上升空间。利用基准模型对经合组织进行的实证研究显示，与社会经济和金融整体发展状况相比，中国的抵押贷款市场仍较落后（本－沙哈尔等人，2009）。[①]其中一个限制因素是，抵押贷款风险分散机制不完备。住房市场和资本市场之间并没有建立起有效的联系，因此风险集中在住房金融机构。随着和资本市场之间联系的加深，抵押贷款也将进一步发展。证券化能有效结合抵押贷款市场和资本市场，从而进一步深化市场并能将更多储蓄资金吸收到抵押贷款市场中。中国2005年发行了第一只抵押担保证券。虽然还需要采取更多的保障措施来维护金融稳定性，但抵押贷款未来的发展前景仍十分广大。

一些家庭，特别是年青人进行家庭储蓄是为了支付抵押贷款首付（夏蒙和普拉萨德，2010）。因此降低首付比例可以减少家庭储蓄，但会增加银行的信贷风险并使已经过热的市场面临的压力进一步加大。另外还可以给自用公寓的装修提供贷款。建筑商出售的通常是毛坯房（至少在大城市是这样），因此买房者还要投入一大笔钱进行装修，一般这笔钱是不包括在抵押贷款范围内的。监管者可以考虑把这部分花费纳入到抵押贷款里。这样，抵押贷款的总额就包括毛坯房的价格和装修费用，这种情况下，不用降低首付比例，家庭把为装修储蓄的钱全部投入到首付里，既降低了储蓄也可以满足首付要求。

还可以允许家庭使用流动性差的房屋资产作为抵押进行贷款。一些国家实施的房屋净值贷款就属于此类。大多数城市家庭拥有自己的住宅并且拥有相当大的房屋净值，特别是在房屋改革过程中购买的住房。如果家庭能在面临冲击时以他们拥有的房屋净值作抵押获得贷款，或者是通过抵押贷款再融资，使他们拥有的房屋净值变现，他们就会相应的减少预防性储蓄。这需要建立适当的监管体制，否则可能会出现一处房产进行实质上的重复抵押的情况。虽然此类贷款与工资贷款性质类似，但这种贷款更容易引发银行系统风险，

---

① 他们的论文利用基准模型对经合组织国家进行了估算，考察抵押贷款与国内金融系统、实际经济变量和人口特征之间的关系。模型中的因变量是未偿还抵押贷款总额，解释变量包括：家庭规模、利率、城市化程度、增量房、存量房、金融资产占 GDP 的比例和储蓄率。根据这一模型，中国的未偿还抵押贷款占 GDP 的比例的实际值要小于模型预测值。

因为随着房屋净值不断缩减，贷款的市场空间也会越来越小。

案例研究三：韩国信用卡的繁荣与萧条

政策及影响

监管政策的放宽使韩国信用卡业务在1999—2002年间迅速发展，并最终导致其在2003年的萧条，严重影响了金融稳定性。相应的监管政策包括（国际货币基金组织，2003）：

1. 1999年5月政府取消了对现金垫款的最高限额。

2. 实行减税政策。减税的额度是个人信用卡消费总额的20%，超过个人总收入的10%。

3. 政府取消了对信用卡公司的杠杆率的限制，对信用卡公司的资本要求也较低。

4. 为了收取更多的增值税，政府推出了针对信用卡使用者的彩票业务。信用卡用户每次通过信用卡消费的时候，都会得到一张彩票（以此来推广信用卡的使用并提高增值税纳税遵从度）。

此外，高流动性和低利率促使银行寻找新的获利途径，其中包括消费贷款。信用卡公司采取积极的营销方式，并且不要求申请者提供收入证明，以此来占领市场。这些公司试图通过强制消费者每月结算一次的方式来控制风险。但是消费者会办理多张信用卡，这样就可以透支一张信用卡去还另一张卡，导致了多张卡之间的“滚债”。结果韩国信用卡用户迅速增加，截至2002年年底，平均每人有四张信用卡。此外韩国的信用报告体系也很不完备，在客户群覆盖范围及数据收集方面都远远达不到要求，这一情况也加剧了信用卡的泛滥（国际清算银行）。这些因素使风险不断增加，并最终导致资金紧张。

2002年信用卡拖欠增多，征信所开始意识到消费者的债务往往是分散在多张卡上。为应对这些情况，政府开始采取较审慎的监管措施，禁止积极的营销手段。信用卡公司在为高风险人群办理信用卡方面也格外谨慎起来，并开始收缩信贷以防止负债扩大。这导致了信贷收缩的恶性循环和资产质量恶化。2003年，投资者受到鲜京全球公司（SK Gobal）会计丑闻的困扰，致使信用卡公司债券市场冻结。之后，LG卡无法在资本市场融资，迫使政府介入对其进行挽救。

对中国的启示

从韩国信用卡的兴衰中得到的警示是：债务的迅速增长虽然可以促进消费，但会严重影响金融系统的稳定性。从中得到的教训有以下两点：(1) 必需建立完善的基础机制来减轻信用卡发卡机构和借款人之间的信息不对称性。在扩大消费信贷市场之前，必需建立成熟的信用信息分享机制，全面提供借款人的债务信息。韩国在发生上述事件后，出现了三家相互竞争的私营征信机构。(2) 必需采取适当审慎的监管措施和政策减轻消费贷款的风险。

结论

国际经验表明，发展消费金融可以促进消费（具有一定风险性）。这有助于重新平衡中国经济，不过中国消费者占 GDP 比例与同等水平国家差距仍然较大。要完全消除差距，必须针对导致中国家庭消费过低的根本原因采取措施，包括家庭收入占总收入比例偏低以及不确定因素和不完善的社会保障体系导致的预防性储蓄过高。

虽然本章集中分析了贷款情况，但其他方面的金融发展也可以促进消费。中国的贷款市场分配不合理，过多的贷款集中在资本密集型产业。如果采取相应的金融发展措施提高劳动密集型产业的贷款比例，就可以增加家庭可支配收入占 GDP 的比例。这样也可以促进消费。保险市场的发展也可以促进消费。关于消费的理论模型显示，大部分预防性贷款所预防的都是需要大笔支出的小概率事件（例如失业、疾病、伤残等）。在这种情况下，即使是社会保障体系方面有限的改善，辅以个人保险产品的推出，也可以极大地促进消费。正在进行的医疗改革就属于此类措施。

可以最大程度地促进消费的金融发展措施是与住房市场相关的措施，例如，发展二级抵押贷款市场、降低对抵押品的要求、允许家庭用流动性差的房屋财产作为抵押借款等。但是这些措施的风险性也是最高的。更加谨慎的做法是采取其他措施，例如本章提到的工资贷款。虽然这些措施对于消费的促进作用有限，但只要实施方法得当，带来风险的可能性是极小的。必需在刺激消费贷款和控制金融系统风险之间找到平衡点。尽管如此，金融发展和自由化仍然是值得长期追求的目标。

（马科斯·夏蒙　索纳里·亚恩－钱德拉）

参考文献：

阿布杜·阿比阿德、恩利克·德特拉贾凯、特尔里·特雷塞尔：“新金融改革数据库”，国际货币基金组织工作文件 08/266 号（华盛顿：国际货币基金组织），2008 年。

丹尼·本－沙哈尔、梁嘉锐、王素恩：《世界抵押贷款市场》（牛津：布莱克威尔出版公司），2009 年。

马科斯·夏蒙、保罗·马诺、大川阳平：“新兴市场大国汽车的大众化”，《经济政策》，2008 年 4 月号，第 242—296 页。

马科斯·夏蒙、埃斯瓦尔·普拉萨德：“中国城镇居民储蓄率为何日益升高”，《美国经济学杂志：宏观经济学》，2010 年，第 2 卷，第 1 期，第 93—130 页。

马科斯·夏蒙、刘凯、埃斯瓦尔·普拉萨德：《中国收入不确定性和家庭储蓄》（未出版），2010 年。

丁在淳：《韩国抵押贷款和抵押贷款支持证券市场演变》（未出版），2009 年。

阿纳卡拉·A. 科斯塔、乔·M. 德梅勒：《司法风险和信贷市场状况：巴西工资贷款的微观证据》，《新兴市场国家金融市场的波动与表现》，（马萨诸塞州剑桥市：国家经济研究局），2006 年。

郭凯、帕帕·恩迪亚耶：“从国际视角看中国消费的决定因素”，国际货币基金组织工作文件 10/93 号（华盛顿：国际货币基金组织），2010 年。

国际货币基金组织：“关于韩国的一些问题”，国际货币基金组织工作人员国家报告 03/80 号（华盛顿），2003 年。

诺曼·罗扎、克劳斯·施密特－赫伯尔、路易·塞尔文：“世界个人储蓄驱动因素”，《经济学与统计学评论》，2000 年，第 82 卷，第 2 期，第 165—181 页。

艾多瓦多·罗德里格斯、维克托里奥·朱、莱昂纳多·阿伦卡尔、托尼·塔克达：“工资贷款对个人贷款利率的影响”，《讨论文章》第 108 期（巴西利亚：巴西中央银行），2006 年。

维罗尼卡·瓦诺克、弗朗西斯·瓦诺克：“市场和住宅信贷”，《住房经济学杂志》，2008 年，第 17 卷，第 3 期，第 239—251 页。

朱海滨：“亚洲住宅信贷市场结构和房屋价格”，《国际清算银行季度回顾》，2006 年 12 月。

作者介绍

维韦克·阿罗拉（Vivek Arora）现任国际货币基金组织亚太部助理主任，主要负责审核部门的研究工作，并领导菲律宾国家工作组。阿罗拉先生1992年加入国际货币基金组织。此前曾被国际货币基金组织派往中国、美国、加拿大、韩国、南非等国。阿罗拉于2006—2010年任国际货币基金组织驻华高级代表。他拥有布朗大学经济学博士学位，本科就读于德里大学圣·斯蒂芬学院。

史蒂文·巴奈特（Steven Barnett）现任国际货币基金组织亚太部副处长。

雷·布鲁克斯（Ray Brooks）现任国际货币基金组织澳大利亚和新西兰特派团主管。此外，他还负责监督国际货币基金组织在斐济、巴布亚新几内亚、萨摩亚群岛、东帝汶和图瓦卢等地的工作。布鲁克斯先生于1991年加入国际货币基金组织，曾担任国际货币基金组织驻华高级代表。在加入国际货币基金组织之前，他在新西兰储备银行工作。此前还曾在埃塞克斯大学学习。

罗伯托·卡达雷利（Roberto Cardarelli）现为国际货币基金组织亚太部区域研究处负责人。此前，曾就职于国际货币基金组织研究部世界经济研究处。卡达雷利先生拥有剑桥大学博士学位。

马科斯·夏蒙（Marcos Chamon）为国际货币基金组织研究部高级经济学家。

郭凯（Kai Guo）为国际货币基金组织战略、政策和审查部经济学家。

索纳里·亚恩－钱德拉（Sonali Jain－Chandra）为国际货币基金组织亚太部经济学家。

阿迪尔·莫霍默德（Adil Mohommad）为国际货币基金组织亚太部区域研究处研究助理。

马尔哈·纳巴（Malhar Nabar）为国际货币基金组织亚太部经济学家。

帕帕·恩迪亚耶（Papa N' Diaye）国际货币基金组织亚太部高级经济学家。

内森·波特（Nathan Porter）为国际货币基金组织战略、政策和审查部经济学家。此前曾就职于国际货币基金组织亚太部中国处。

穆尔塔扎·赛义德（Murtaza Syed）为国际货币基金组织驻华副代表。在加入国际货币基金组织之前曾就职于伦敦财政研究所，并曾执教于牛津大学。

奥拉夫·恩特罗博拉斯特尔（Olaf Unteroberdoerster）为国际货币基金组织亚太部区域研究处高级经济学家。